Meistern Sie Ihr Geld: 10 bewährte Strategien für den persönlichen finanziellen Erfolg

Untertitel: Ein umfassender Leitfaden, um die Kontrolle über Ihre Finanzen zu übernehmen

Zusammenfassung:

"Mastering Your Money" ist ein umfassender Leitfaden für das persönliche Finanzmanagement, der 10 bewährte Strategien vorstellt, die es Ihnen ermöglichen, die Kontrolle über Ihre Finanzen zu übernehmen und finanziellen Erfolg zu erzielen. Das Buch deckt ein breites Themenspektrum ab, von Budgetierung und Sparen bis hin zu Investitionen und Altersvorsorge, und bietet praktische Ratschläge und umsetzbare Schritte für Einzelpersonen in jeder Phase ihrer finanziellen Reise. Jedes Kapitel konzentriert sich auf eine Schlüsselstrategie, die in fünf Unterkapitel unterteilt ist, die tiefer in das Thema eintauchen und den Lesern ein gründliches Verständnis der Konzepte und Prinzipien der persönlichen Finanzen bieten.

Kapitel 4: Kreditangelegenheiten: Aufbau und Aufrechterhaltung einer starken Kreditwürdigkeit

Kapitel 8: Immobilien und Wohneigentum: Ein Weg zum Vermögensaufbau

Kapitel 1: Aufbau eines soliden Fundaments: Erstellen eines Budgets

1.1: Die Bedeutung der Budgetierung verstehen

Wenn wir uns auf den Weg machen, die persönlichen Finanzen zu beherrschen, ist es wichtig, zunächst die Bedeutung der Budgetierung zu verstehen. Ein Budget ist im Wesentlichen eine finanzielle Blaupause. Es ermöglicht uns, unsere Einnahmen und Ausgaben abzubilden, hilft uns zu verstehen, wohin unser Geld fließt, und gibt uns einen klaren Plan, den wir befolgen müssen, um unsere finanziellen Ziele zu erreichen.

So wie ein Navigator eine Karte verwendet, um einen Kurs zu zeichnen, leitet ein Budget unsere finanziellen Entscheidungen. So können wir im Voraus feststellen, ob wir genug Geld haben, um die Dinge zu tun, die wir tun müssen oder möchten.

Ohne Budget können wir uns leicht in einem Meer finanzieller Unsicherheit verlieren. Übermäßige Ausgaben und Schulden können sich schnell anhäufen, und wir könnten feststellen, dass wir von Gehaltsscheck zu Gehaltsscheck leben und Schwierigkeiten haben, über die Runden zu kommen.

Auf der anderen Seite gewinnen wir mit einem Budget ein Gefühl der Kontrolle über unser Geld. Wir wissen genau, wie viel wir haben, wohin es geht und wie viel wir sparen oder investieren können. Wir können unsere Ausgaben priorisieren, unnötige Ausgaben reduzieren oder eliminieren und einen Überschuss schaffen, der zum Aufbau von Wohlstand verwendet werden kann.

Die Budgetierung bringt auch ein Gefühl des finanziellen Friedens mit sich. Wenn wir wissen, dass wir Mittel für unsere Bedürfnisse, Notfälle und sogar unsere Wünsche bereitgestellt haben, können wir frei von Stress und Sorgen leben, die oft mit finanzieller Instabilität einhergehen.

Kurz gesagt, die Budgetierung ist der Eckpfeiler des persönlichen Finanzmanagements. Es schafft die Voraussetzungen für alle anderen finanziellen Entscheidungen und Strategien. Indem wir die Macht der Budgetierung verstehen und nutzen, können wir eine solide Grundlage für finanziellen Erfolg schaffen. In den folgenden Abschnitten werden wir uns eingehender mit den Besonderheiten befassen, wie wir unsere finanzielle Situation beurteilen, finanzielle Ziele setzen, ein realistisches Budget entwickeln und unser Budget im Laufe der Zeit anpassen können, um Änderungen unserer Umstände und Ziele widerzuspiegeln.

1.2: Einschätzung Ihrer finanziellen Situation

Bevor wir mit der Budgetierung beginnen, müssen wir zunächst einen umfassenden Blick auf unsere aktuelle finanzielle Situation werfen. Diese Bewertung bildet die Grundlage unseres Budgets und liefert ein klares Bild unserer finanziellen Gesundheit, so dass wir fundierte Entscheidungen über unser Geld treffen können. Der Prozess beinhaltet die Bewertung unserer Einnahmen, Ausgaben, Vermögenswerte und Verbindlichkeiten.

Beginnen wir mit unserem Einkommen. Dies ist das Geld, das wir verdienen und zur Verfügung haben, um unsere Ausgaben zu decken, zu sparen und zu investieren. Wir sollten unser monatliches Gesamteinkommen berechnen, das nicht nur unser regelmäßiges Gehalt oder unseren regulären Lohn umfasst, sondern auch zusätzliche Einkommensquellen wie Boni, Dividenden, Zinsen, Mieteinnahmen oder Nebenjobs. Es ist wichtig, das Nettoeinkommen (Take-Home-Pay) und nicht das Bruttoeinkommen zu verwenden, da es sich um den tatsächlichen Betrag handelt, den wir nach Steuern und anderen Abzügen ausgeben können.

Als nächstes richten wir unsere Aufmerksamkeit auf unsere Ausgaben. Dies sind die Kosten, die uns in unserem täglichen Leben entstehen und die in zwei Hauptkategorien unterteilt werden können: fixe und variable Ausgaben. Fixkosten sind solche, die von Monat zu Monat relativ konstant bleiben, wie z. B. Miet- oder Hypothekenzahlungen, Autozahlungen und Versicherungsprämien. Variable Ausgaben hingegen schwanken und umfassen Kosten wie Lebensmittel, Unterhaltung und Kleidung. Um ein klares Bild von unseren Ausgabengewohnheiten zu bekommen, sollten wir unsere Ausgaben mindestens einen Monat lang verfolgen und jeden noch so kleinen Einkauf kategorisieren und dokumentieren.

Aktiva und Passiva bilden unser Nettovermögen, ein weiterer wichtiger Teil unseres Finanzbildes. Zu den Vermögenswerten gehören alles, was wir besitzen und das einen Wert hat, wie z. B. unser Haus, unser Auto, unsere Sparkonten, unsere Investitionen und unsere persönlichen Gegenstände. Verbindlichkeiten hingegen stellen unsere Schulden und Verpflichtungen dar, einschließlich Hypotheken, Studentendarlehen, Kreditkartenschulden und Autokrediten.

Wenn wir unsere Gesamtverbindlichkeiten von unserer Bilanzsumme abziehen, erhalten wir unser Nettovermögen, eine Momentaufnahme unserer gesamten finanziellen Gesundheit. Ein positives Nettovermögen zeigt an, dass wir mehr besitzen, als wir schulden, während ein negatives Nettovermögen das Gegenteil bedeutet.

Denken Sie daran, dass Sie sich nicht entmutigen lassen müssen, wenn unsere finanzielle Situation auf den ersten Blick nicht vielversprechend aussieht. Der Zweck dieser Bewertung besteht nicht darin, uns zu verurteilen oder zu entmutigen, sondern einen Ausgangspunkt zu bieten, von dem aus wir uns verbessern können. Mit einem klaren Verständnis unserer aktuellen finanziellen Situation sind wir nun bereit, realistische finanzielle Ziele zu setzen und ein Budget zu erstellen, das uns bei der Erreichung dieser Ziele unterstützt.

1.3: Finanzielle Ziele setzen

Nachdem wir uns ein klares Bild von unserer aktuellen finanziellen Situation gemacht haben, besteht der nächste Schritt darin, unsere finanziellen Ziele zu definieren. Diese Ziele dienen als Zielpunkte auf unserer finanziellen Reise und geben Orientierung und Motivation vor.

Bei der Festlegung finanzieller Ziele müssen wir uns überlegen, was wir mit unserem Geld kurz-, mittel- und langfristig erreichen wollen. Kurzfristige Ziele können das Sparen für einen Urlaub oder die Tilgung einer kleinen Schuld sein, und sie sind in der Regel innerhalb eines Jahres erreichbar. Mittelfristige Ziele, wie das Sparen für eine Anzahlung auf ein Haus oder die Tilgung größerer Schulden, können ein bis fünf Jahre dauern. Langfristige Ziele sind solche, deren Erreichung mehr als fünf Jahre dauern wird, wie z. B. das Sparen für den Ruhestand oder die Ausbildung Ihres Kindes.

Bei der Festlegung von Zielen ist es wichtig, sie SMART zu machen – spezifisch, messbar, erreichbar, relevant und zeitgebunden. Ein konkretes Ziel definiert klar, was Sie erreichen wollen. Messbar bedeutet, dass Sie Ihren Fortschritt auf dem Weg zum Ziel verfolgen können. Erreichbar stellt sicher, dass das Ziel angesichts Ihrer Einnahmen und Ausgaben realistisch ist. Relevant bedeutet, dass das Ziel mit Ihren umfassenderen Finanz- und Lebensplänen übereinstimmt. Time-bound weist eine Frist für das Erreichen des Ziels zu.

Anstatt beispielsweise ein vages Ziel wie "Ich möchte mehr Geld sparen" zu haben, wäre ein SMART-Ziel "Ich möchte innerhalb von 12 Monaten 5.000 US-Dollar für einen Notfallfonds sparen". Dieses Ziel ist spezifisch (5.000 US-Dollar für einen Notfallfonds), messbar (Sie können Ihren Fortschritt verfolgen, während Sie Geld sparen), erreichbar (basierend auf Ihrer Einschätzung Ihrer finanziellen Situation ist es möglich, diesen Betrag zu sparen), relevant (ein Notfallfonds ist ein wichtiger Bestandteil des persönlichen Finanzmanagements) und zeitgebunden (Sie haben eine Frist von 12 Monaten).

Klar definierte finanzielle Ziele sind entscheidend für eine erfolgreiche Budgetierung. Es gibt Ihrem Budget einen Zweck und hilft Ihnen, Ihre Ausgabenentscheidungen zu treffen. Es bietet auch Motivation, da Sie die direkten Auswirkungen Ihrer Budgetierungsbemühungen auf das Erreichen Ihrer finanziellen Ziele sehen können.

In den nächsten Abschnitten besprechen wir, wie Sie diese finanziellen Ziele verwenden können, um ein realistisches Budget zu erstellen, und wie Sie dieses Budget im Laufe der Zeit anpassen können, wenn sich Ihre finanzielle Situation und Ihre Ziele entwickeln.

1.4: Entwicklung eines realistischen Budgets

Nachdem wir unsere finanzielle Situation bewertet und unsere finanziellen Ziele festgelegt haben, ist es an der Zeit, ein Budget zu erstellen. Ein gut ausgearbeitetes Budget hilft uns nicht nur, unser Geld effektiver zu verwalten, sondern dient auch als praktisches Instrument, um unsere finanziellen Ziele zu erreichen.

Die Entwicklung eines realistischen Budgets umfasst mehrere Schritte:

1. Identifizieren Sie das Einkommen: Beginnen Sie mit der Auflistung aller Einkommensquellen. Fügen Sie Ihr Gehalt, Boni, Dividenden, Zinsen, Mieteinnahmen oder anderes Geld hinzu, das Sie regelmäßig erhalten. Denken Sie daran, Ihr Nettoeinkommen (den Betrag, den Sie nach Steuern und anderen Abzügen mit nach Hause nehmen) zu verwenden.

2. Ausgaben auflisten: Identifizieren Sie als Nächstes alle Ihre Ausgaben. Diese können in feste und variable unterteilt werden. Fixkosten sind solche, die jeden Monat gleich hoch sind, wie Miet- oder Hypothekenzahlungen, Autozahlungen und Versicherungsprämien. Variable Ausgaben sind solche, die schwanken, wie Lebensmittel, Benzin,

Unterhaltung und Körperpflege.

3. Legen Sie Ausgabenlimits fest: Sobald Sie ein klares Bild von Ihren Einnahmen und Ausgaben haben, können Sie Ihre Einnahmen verschiedenen Ausgabenkategorien zuordnen. Seien Sie realistisch in Bezug auf Ihre Ausgabengewohnheiten und -bedürfnisse. Wenn Sie die Ausgabenlimits zu niedrig ansetzen, kann dies dazu führen, dass Ihr Budget nicht nachhaltig ist, während eine zu hohe Festlegung Sie daran hindern kann, Ihre finanziellen Ziele zu erreichen.

4. Richten Sie sich an finanziellen Zielen aus: Weisen Sie einen Teil Ihres Einkommens Ihren finanziellen Zielen zu, sei es die Tilgung von Schulden, das Sparen für eine Anzahlung für ein Haus oder die Investition in den Ruhestand. Ihre Ziele sollten ein zentraler Bestandteil Ihres Budgets sein.

5. Implementieren und verfolgen: Sobald Ihr Budget festgelegt ist, setzen Sie es um und beginnen Sie, Ihre Ausgaben zu verfolgen. Zahlreiche Tools und Apps können dabei helfen, oder Sie können eine einfache Tabellenkalkulation oder ein Notizbuch verwenden. Behalten Sie alle Ihre Ausgaben im Auge, auch die kleinen, da sie sich summieren können.

6. Überprüfen und anpassen: Ein Budget ist kein Werkzeug zum Festlegen und Vergessen. Es ist ein lebendiges Dokument, das regelmäßig überprüft und angepasst werden muss. Wenn Sie Ihre Ausgaben verfolgen, stellen Sie möglicherweise fest, dass Sie bestimmte Kategorien über- oder unterschätzt haben. Passen Sie Ihr Budget nach Bedarf an und stellen Sie sicher, dass es mit Ihren sich ändernden Einnahmen, Ausgaben und finanziellen Zielen übereinstimmt.

Denken Sie daran, dass es bei einem Budget nicht darum geht, Ihre Ausgaben einzuschränken und Ihnen ein schlechtes Gewissen für jeden Cent zu machen, den Sie ausgeben. Es geht darum, Ihnen die Kontrolle über Ihr Geld zu geben und Sie zum finanziellen Erfolg zu führen. Im nächsten Abschnitt besprechen wir, wie Sie Ihr Budget im Laufe der Zeit anpassen können, um Änderungen in Ihrer finanziellen Situation und Ihren Zielen widerzuspiegeln.

1.5: Passen Sie Ihr Budget im Laufe der Zeit an

So wie das Leben dynamisch ist und sich im Laufe der Zeit ändert, sollte auch Ihr Budget dies tun. Änderungen der Einnahmen, Ausgaben, finanziellen Ziele oder Lebensumstände können Anpassungen Ihres Budgets erforderlich machen.

Die regelmäßige Überprüfung und Anpassung Ihres Budgets stellt sicher, dass es ein effektives Instrument bleibt, um Ihr Geld zu verwalten und Ihre finanziellen Ziele zu erreichen.

Einkommensänderungen: Unabhängig davon, ob Sie bei der Arbeit eine Gehaltserhöhung erhalten, einen Job verlieren, einen neuen Job beginnen oder andere bedeutende Einkommensänderungen feststellen, müssen Sie Ihr Budget entsprechend anpassen. Eine Erhöhung des Einkommens könnte es Ihnen ermöglichen, mehr Geld für Ersparnisse oder die Tilgung von Schulden bereitzustellen, während eine Verringerung möglicherweise erfordert, dass Sie nicht wesentliche Ausgaben kürzen.

Änderungen der Ausgaben: So wie sich die Einnahmen ändern können, können sich auch die Ausgaben ändern. Wenn Ihre Miete steigt, Ihr Auto abbezahlt ist, Sie ein Baby haben oder eine andere wesentliche Änderung der Ausgaben feststellen, sollte Ihr Budget diese Änderungen widerspiegeln. Stellen Sie immer sicher, dass Ihr Budget Ihre aktuelle Realität widerspiegelt und nicht die Realität von vor einigen Monaten oder Jahren.

Änderungen der finanziellen Ziele: Wenn Sie auf Ihrer finanziellen Reise voranschreiten, werden sich Ihre Ziele wahrscheinlich weiterentwickeln. Vielleicht haben Sie ein kurzfristiges Ziel erreicht, z. B. die Auszahlung einer Kreditkarte, und jetzt möchten Sie sich auf ein mittelfristiges Ziel konzentrieren, z. B. das Sparen für eine Anzahlung für ein Haus. Vielleicht ist Ihr langfristiges Ziel, für den Ruhestand zu sparen, mit zunehmendem Alter zu einem mittelfristigen Ziel geworden. Diese Änderungen der Ziele sollten sich in Ihrem Budget widerspiegeln, wobei Anpassungen an der Zuweisung Ihres Einkommens vorgenommen werden.

Veränderungen der Lebensumstände: Lebensereignisse wie Heirat, Scheidung, Kinder oder Ruhestand können erhebliche Auswirkungen auf Ihre finanzielle Situation und Ihre Ziele haben und Anpassungen Ihres Budgets erfordern. Diese Ereignisse können Ihre Einnahmen und Ausgaben sowie Ihre finanziellen Prioritäten verändern.

Das Anpassen Ihres Budgets im Laufe der Zeit mag wie eine Menge Arbeit erscheinen, aber denken Sie daran, dass Ihr Budget ein Werkzeug ist, das Ihnen helfen soll, und kein Taskmaster, der Ihnen ein schlechtes Gewissen macht oder eingeschränkt ist. Regelmäßige Überprüfungen (z. B. monatlich oder vierteljährlich) können dazu beitragen, dass Ihr Budget mit Ihrer finanziellen Realität und

Ihren Zielen übereinstimmt. Mit einem flexiblen und realistischen Budget, das sich mit Ihnen ändert, sind Sie auf dem besten Weg, Ihr Geld zu beherrschen und finanziellen Erfolg zu erzielen.

Mit der soliden Grundlage eines gut ausgearbeiteten Budgets können wir nun zu anderen Strategien übergehen, die Ihr persönliches Finanzmanagement weiter verbessern, wie z. B. die Einrichtung eines Notfallfonds, die Bekämpfung von Schulden und den Aufbau einer starken Kreditwürdigkeit.

Kapitel 2: Intelligentes Sparen: Einrichtung eines Notfallfonds

2.1: Die Rolle der Soforthilfefonds

Wenn wir tiefer in das persönliche Finanzmanagement eintauchen, stoßen wir auf einen unverzichtbaren Bestandteil eines robusten Finanzplans: den Notfallfonds. Ein Notfallfonds ist ein Sicherheitsnetz von Geldern, die zur Deckung unerwarteter oder dringender Ausgaben bereitgestellt werden, die in unserem Leben entstehen können. Dies kann unvorhergesehene medizinische Ausgaben, Autoreparaturen, Reparaturen zu Hause oder Lebenshaltungskosten während eines Arbeitsplatzverlusts umfassen.

Die Hauptaufgabe eines Notfallfonds besteht darin, finanzielle Sicherheit zu bieten. Das Leben ist unberechenbar, und selbst bei bester Planung können unerwartete Ausgaben auftreten. Ohne einen Notfallfonds könnten diese Ausgaben zu finanziellem Stress oder sogar zu erheblichen Schulden führen. Geld für Notfälle beiseite zu legen, kann diesen Stress lindern und Ihnen die Gewissheit geben, dass Sie mit allen finanziellen Kurvenbällen umgehen können, die das Leben auf Sie werfen könnte.

Darüber hinaus kann ein Notfallfonds dazu beitragen, die Notwendigkeit zu vermeiden, in langfristige Spar- oder Altersvorsorgefonds einzutauchen, um unerwartete Kosten zu decken. Die Inanspruchnahme dieser Mittel kann Ihre finanziellen Ziele zunichte machen und sogar Strafen oder Steuerverbindlichkeiten nach sich ziehen. Durch einen separaten Fonds für Notfälle stellen Sie sicher, dass unerwartete Ausgaben Ihre zukünftige finanzielle Gesundheit nicht gefährden.

Ein Notfallfonds bietet auch ein gewisses Maß an Freiheit. Es kann die finanzielle Flexibilität bieten, einen Job zu verlassen, mit dem Sie nicht zufrieden sind, für neue Möglichkeiten umzuziehen oder eine berufliche Veränderung zu bewältigen. Zu wissen, dass Sie ein Polster haben, kann diese Entscheidungen weniger entmutigend machen.

Im Wesentlichen ist ein Notfallfonds eine Form der Selbstversicherung. Es ist da, um die finanziellen Überraschungen abzudecken, die Versicherungspolicen nicht abdecken. Es geht nicht darum, ob Sie es brauchen, sondern wann. In den folgenden Abschnitten werden wir untersuchen, wie viel Sie in Ihrem Notfallfonds sparen sollten, Strategien für den Aufbau, wo Sie Ihren Notfallfonds aufbewahren und wann Sie ihn verwenden sollten.

2.2: Bestimmen, wie viel gespart werden soll

Eine der am häufigsten gestellten Fragen, wenn es um Notfallfonds geht, lautet: "Wie viel sollte ich sparen?" Die Antwort kann je nach persönlichen Umständen variieren, aber eine allgemein akzeptierte Richtlinie ist, genug zu haben, um die Lebenshaltungskosten von drei bis sechs Monaten zu decken. Dazu gehören Miet- oder Hypothekenzahlungen, Lebensmittel, Nebenkosten, Transportkosten und andere regelmäßige monatliche Ausgaben.

Dies ist jedoch nur ein Richtwert, und verschiedene Faktoren können den Betrag beeinflussen, den Sie sparen möchten:

Stabilität des Einkommens: Wenn Ihr Einkommen stabil ist und Sie ein hohes Maß an Arbeitsplatzsicherheit haben, können Sie sich mit einem kleineren Notfallfonds wohlfühlen. Auf der anderen Seite, wenn Ihr Einkommen variabel oder provisionsbasiert ist oder wenn Ihre Branche anfällig für Entlassungen ist, sollten Sie einen größeren Fonds anstreben.

Anzahl der Einkommensquellen: Wenn Sie in einem Haushalt mit zwei Einkommen leben, können Sie sich mit einem kleineren Notfallfonds sicher fühlen, da es weniger wahrscheinlich ist, dass beide Einkommen gleichzeitig verloren gehen. Wenn Sie der Alleinverdiener in Ihrem Haushalt sind, würde ein größerer Notfallfonds ein größeres Sicherheitsnetz bieten.

Angehörige: Wenn Sie Personen haben, die von Ihrem Einkommen abhängig sind, wie z. B. Kinder oder ältere Eltern, möchten Sie möglicherweise einen größeren Notfallfonds haben, um sicherzustellen, dass ihre Bedürfnisse im Falle eines finanziellen Rückschlags gedeckt sind.

Kranken- und Versicherungsschutz: Wenn Sie an chronischen Erkrankungen oder unzureichendem Versicherungsschutz leiden, kann ein größerer Notfallfonds dazu beitragen, unerwartete medizinische Kosten zu decken.

Schuldenniveau: Wenn Sie erhebliche Schulden haben, kann ein größerer Notfallfonds von Vorteil sein, da er verhindern kann, dass Sie mehr Schulden anhäufen, wenn unerwartete Ausgaben anfallen.

Denken Sie daran, dass das Ziel nicht darin besteht, über Nacht den perfekten Notfallfonds aufzubauen, sondern konsequent zu sparen und Ihren Fonds schrittweise zu vergrößern. Selbst ein kleiner Notfallfonds kann ein Lebensretter sein, wenn unerwartete Ausgaben auftreten. Im nächsten Abschnitt besprechen wir Strategien, die Ihnen beim Aufbau Ihres Notfallfonds helfen.

2.3: Die Wahl des richtigen Sparkontos

Sobald Sie festgelegt haben, wie viel Sie sparen möchten, müssen Sie im nächsten Schritt entscheiden, wo Sie Ihren Notfallfonds aufbewahren möchten. Das Hauptziel ist es, das Geld sicher, leicht zugänglich und getrennt von Ihren täglichen Ausgaben aufzubewahren. Aus diesen Gründen ist ein Sparkonto oft der beste Ort, um Ihren Notfallfonds aufzubewahren.

Es gibt verschiedene Arten von Sparkonten, die jeweils ihre eigenen Vorteile haben:

1. Reguläres Sparkonto: Diese Art von Konto wird von den meisten Banken und Kreditgenossenschaften angeboten. Es bietet einen sicheren Ort, um Ihr Geld aufzubewahren, und ermöglicht in der Regel einfache Auszahlungen. Die Zinssätze für reguläre Sparkonten können jedoch recht niedrig sein, was bedeutet, dass Ihr Geld im Laufe der Zeit möglicherweise nicht viel wächst.

2. Hochverzinsliches Sparkonto: Hochverzinsliche Sparkonten bieten höhere Zinssätze als normale Sparkonten, sodass Ihr Geld schneller wachsen kann. Diese Konten sind immer noch FDIC- oder NCUA-versichert, was bedeutet, dass Ihr Geld bis

zur Höhe des Versicherungsbetrags sicher ist. Sie können jedoch Anforderungen haben, wie z. B. die Aufrechterhaltung eines Mindestguthabens oder die Begrenzung der Anzahl der Auszahlungen, die Sie jeden Monat vornehmen können.

3. Geldmarktkonto: Geldmarktkonten bieten oft höhere Zinssätze als normale Sparkonten und sind mit einer FDIC- oder NCUA-Versicherung ausgestattet. Sie können auch mit Scheckschreibrechten oder einer Debitkarte ausgestattet sein, die einen einfachen Zugriff auf Ihr Geld bietet. Wie bei hochverzinslichen Sparkonten können sie jedoch ein höheres Mindestguthaben erfordern und die Anzahl der Transaktionen begrenzen, die Sie jeden Monat tätigen können.

4. Online-Sparkonto: Online-Banken bieten aufgrund niedrigerer Gemeinkosten oft höhere Zinssätze als herkömmliche stationäre Banken. Sie haben in der Regel auch niedrigere Mindestguthabenanforderungen. Manche Menschen fühlen sich jedoch möglicherweise unwohl, wenn sie keinen physischen Ort haben, den sie besuchen können.

Berücksichtigen Sie bei der Auswahl des richtigen Sparkontos für Ihren Notfallfonds Faktoren wie den Zinssatz, die Zugänglichkeit von Geldern, die Mindestguthabenanforderungen und alle mit dem Konto verbundenen Gebühren. Es ist auch wichtig, ein Konto zu wählen, mit dem Sie sich wohl und sicher fühlen.

Im nächsten Abschnitt untersuchen wir Strategien, wie Sie Ihren Notfallfonds aufbauen und regelmäßige Beiträge zu einem nahtlosen Bestandteil Ihrer Finanzroutine machen können.

2.4: Automatisieren Sie Ihre Ersparnisse

Der Aufbau eines Notfallfonds kann wie eine entmutigende Aufgabe erscheinen, besonders wenn Sie gerade erst anfangen. Durch die Automatisierung Ihrer Ersparnisse können Sie diese Aufgabe jedoch in einen problemlosen Prozess verwandeln, der sich nahtlos in Ihre Finanzroutine integriert.

Die Automatisierung Ihrer Ersparnisse beinhaltet die Einrichtung regelmäßiger, automatischer Überweisungen von Ihrem Girokonto auf Ihren Notfallfonds. Dies kann in der Regel über die Online-Banking-Plattform Ihrer Bank oder Kreditgenossenschaft erfolgen. Sie können die Höhe und Häufigkeit dieser Überweisungen basierend auf Ihrem persönlichen Budget und Ihren Sparzielen wählen.

Hier erfahren Sie, warum die Automatisierung Ihrer Ersparnisse von Vorteil sein kann:

1. Konsistenz: Durch die Automatisierung Ihrer Ersparnisse stellen Sie sicher, dass Ihrem Notfallfonds konsequent Geld zugeführt wird. Es wird zu einem festen Bestandteil Ihrer finanziellen Routine, genau wie das Bezahlen von Rechnungen.

2. Bequemlichkeit: Sobald Sie automatische Überweisungen eingerichtet haben, müssen Sie nicht mehr darüber nachdenken. Es entfällt die Notwendigkeit, daran zu denken, jeden Monat Geld zu überweisen.

3. Priorisierung von Einsparungen: Wenn Sie Ihre Ersparnisse automatisieren, behandeln Sie Ihren Notfallfonds im Wesentlichen als obligatorische Ausgabe. Dies hilft Ihnen, Geld zu sparen.

4. Versuchung vermeiden: Wenn Geld auf Ihrem Girokonto bleibt, kann es verlockend sein, es auszugeben. Durch die automatische Überweisung von Geld an Ihren Notfallfonds ist es weniger wahrscheinlich, dass Sie es für nicht wesentliche Dinge ausgeben.

5. Momentum aufbauen: Selbst wenn Sie mit kleinen Beträgen beginnen, werden Sie im Laufe der Zeit sehen, wie Ihr Notfallfonds wächst. Dies kann motivieren, weiter zu sparen und sogar Ihre Beiträge zu erhöhen.

Während die Automatisierung Ihrer Ersparnisse den Aufbau eines Notfallfonds erleichtern kann, ist es dennoch wichtig, Ihr Budget und Ihre Sparziele regelmäßig zu überprüfen. Wenn Sie beispielsweise eine Gehaltserhöhung erhalten, möchten Sie möglicherweise den Betrag erhöhen, den Sie in Ihren Notfallfonds überweisen. Oder wenn Sie feststellen, dass Sie regelmäßig für Nicht-Notfälle in Ihren Notfallfonds eintauchen, könnte dies ein Zeichen dafür sein, dass Sie Ihr Budget anpassen müssen.

Der Aufbau eines Notfallfonds ist ein wichtiger Schritt in Richtung Finanzstabilität. Im nächsten Abschnitt besprechen wir, wann und wie Sie Ihren Notfallfonds effektiv einsetzen können.

2.5: Verwalten und Auffüllen Ihres Notfallfonds

Sobald Sie Ihren Notfallfonds eingerichtet haben, ist es wichtig, ihn effektiv zu verwalten. Dies bedeutet, dass Sie wissen, wann Sie es verwenden müssen, und ebenso wichtig, wann Sie es nicht verwenden sollten. Es geht auch darum, den Fonds aufzufüllen, nachdem Sie in ihn eintauchen mussten.

Wann Sie Ihren Notfallfonds verwenden sollten

Der Zweck eines Notfallfonds besteht darin, unerwartete oder dringende Ausgaben zu decken, die andernfalls Ihre finanzielle Situation destabilisieren könnten. Beispiele hierfür sind medizinische Notfälle, Auto-

oder Hausreparaturen oder Lebenshaltungskosten während eines Arbeitsplatzverlusts. Es ist wichtig zu verstehen, dass der Notfallfonds nicht dazu gedacht ist, geplante Ausgaben wie Urlaub, Urlaub oder die Aufrüstung Ihrer Haushaltsgeräte zu decken. Diese sollten separat budgetiert werden.

Wann Sie Ihren Notfallfonds nicht verwenden sollten

Vermeiden Sie es, Ihren Notfallfonds für Nicht-Notfälle oder diskretionäre Ausgaben zu verwenden. Dazu gehören eher Wünsche als Bedürfnisse, wie ein neuer Fernseher oder ein Urlaub. Es ist auch nicht ratsam, Ihren Notfallfonds zur Tilgung von Schulden zu verwenden, da dies Sie im Falle eines echten Notfalls verwundbar machen kann. Planen Sie stattdessen eine separate Strategie für den Umgang mit Schulden.

Auffüllen Ihres Notfallfonds

Sobald Sie einen Teil Ihres Notfallfonds aufbrauchen mussten, ist es wichtig, ihn so schnell wie möglich aufzufüllen. Fahren Sie mit Ihren automatischen Überweisungen fort und erwägen Sie, wenn möglich, den Betrag, den Sie jeden Monat sparen, zu erhöhen, bis das Guthaben wieder auf seinem ursprünglichen Niveau ist. Im

Falle eines erheblichen Notfalls, bei dem der Fonds fast erschöpft ist, müssen Sie möglicherweise vorübergehend Kürzungen Ihrer diskretionären Ausgaben vornehmen, um den Fonds schneller wieder aufzubauen.

Denken Sie daran, dass ein Notfallfonds kein einmaliges Geschäft ist. Es ist ein dynamischer Teil Ihres Finanzplans, der mit Ihren Lebensumständen auf und ab geht. Überprüfen Sie Ihren Notfallfonds regelmäßig als Teil Ihres gesamten Finanzplans und passen Sie ihn bei Bedarf an Ihre aktuelle Situation und Ihre zukünftigen Ziele an.

Mit einem gut verwalteten Notfallfonds haben Sie einen soliden finanziellen Puffer aufgebaut, der Ihnen Sicherheit und ein Gefühl der finanziellen Sicherheit vermittelt. Dies bereitet Sie auf die nächsten Schritte auf Ihrer finanziellen Reise vor, wie z. B. die Bewältigung bestehender Schulden und die Planung für den Ruhestand.

Kapitel 3: Schuldenbekämpfung: Strategien zum Schuldenabbau

3.1: Verschiedene Arten von Schulden verstehen

Bevor Sie sich auf den Weg machen, um Schulden abzubauen, ist es wichtig, die verschiedenen Arten von Schulden zu verstehen, mit denen Sie es möglicherweise zu tun haben. Nicht alle Schulden sind gleich, und verschiedene Arten können unterschiedliche Auswirkungen auf Ihre finanzielle Gesundheit haben.

1. Gesicherte Schulden: Diese Art von Schulden ist an einen Vermögenswert gebunden, der auch als Sicherheit bezeichnet wird. Gängige Arten von besicherten Schulden sind Hypotheken und Autokredite. Wenn Sie keine Zahlungen für gesicherte Schulden leisten, hat der Kreditgeber das Recht, die Sicherheiten zu beschlagnahmen, um ihren Verlust auszugleichen.

2. Ungesicherte Schulden: Im Gegensatz zu besicherten Schulden sind unbesicherte Schulden nicht an einen bestimmten Vermögenswert gebunden. Stattdessen basiert es auf Ihrem Versprechen zur Rückzahlung. Beispiele für ungesicherte Schulden sind Kreditkarten,

Studentendarlehen und Privatkredite. Während Kreditgeber Ihr Eigentum nicht beschlagnahmen können, wenn Sie ungesicherte Schulden nicht zurückzahlen, können sie andere Maßnahmen ergreifen, z. B. verspätete Zahlungen an Kreditauskunfteien melden, ein Inkassobüro beauftragen oder Sie verklagen.

3. Revolvierende Schulden: Diese Art von Schulden hat ein Kreditlimit, und Sie können laufend bis zu diesem Limit Kredite aufnehmen. Kreditkartenschulden sind die häufigste Art von revolvierenden Schulden. Sie können sich mehr Geld leihen, wenn Sie Ihr Guthaben abbezahlen, was zu einem Schuldenzyklus führen kann, wenn es nicht sorgfältig verwaltet wird.

4. Ratenschuld: Dies ist ein Darlehen, das Sie mit gleichen monatlichen Zahlungen oder Raten über einen bestimmten Zeitraum zurückzahlen. Hypotheken und Autokredite sind Beispiele für Ratenschulden. Diese werden in der Regel von Kredit-Scoring-Modellen günstiger bewertet, da sie zeigen, dass Sie regelmäßige Rückzahlungen verwalten und sich dazu verpflichten können.

5. Hochverzinsliche Schulden: Diese Art von Schulden kann aufgrund der hohen Zinskosten besonders schädlich für Ihre finanzielle

Gesundheit sein. Kreditkartenschulden sind oft hochverzinsliche Schulden.

6. Niedrig verzinste Schulden: Diese Art von Schulden ist aufgrund ihres niedrigeren Zinssatzes weniger kostspielig. Autokredite, Hypotheken und Studentendarlehen fallen oft in diese Kategorie.

Wenn Sie die Arten von Schulden verstehen, die Sie haben, können Sie Ihre Schuldentilgungsstrategie priorisieren. Im Allgemeinen ist es ratsam, hochverzinsliche und unbesicherte Schulden zu priorisieren, da diese am teuersten sein können und das größte Risiko für Ihre finanzielle Gesundheit darstellen.

In den nächsten Abschnitten befassen wir uns mit verschiedenen Strategien zur Verwaltung und Reduzierung Ihrer Schulden, einschließlich der Methoden Debt Snowball und Debt Avalanche, Schuldenkonsolidierung und Umgang mit Inkassounternehmen.

3.2: Priorisierung der Schuldentilgung

Sobald Sie die Arten von Schulden identifiziert haben, die Sie haben, besteht der nächste Schritt darin, Ihre Schuldentilgung zu priorisieren. Ziel ist es, die Höhe der Zinsen, die Sie im Laufe der Zeit zahlen, zu minimieren und so schnell wie möglich aus der Verschuldung herauszukommen. Es gibt zwei beliebte Strategien zur Priorisierung der Schuldentilgung: die Schulden-Schneeball-Methode und die Schuldenlawinen-Methode.

1. Schulden-Schneeball-Methode: Diese Methode, die vom Finanzguru Dave Ramsey populär gemacht wurde, beinhaltet die Tilgung Ihrer Schulden in der Reihenfolge vom kleinsten zum größten Saldo, unabhängig vom Zinssatz. Sie leisten Mindestzahlungen für alle Schulden mit Ausnahme der Schulden mit dem geringsten Saldo, für die Sie so viel wie möglich bezahlen. Sobald die kleinste Schuld abbezahlt ist, gehen Sie zur nächstkleineren über und so weiter, wodurch ein "Schneeballeffekt" entsteht. Die Idee hinter dieser Methode ist, dass die Tilgung kleinerer Schulden zuerst psychologische Gewinne bringt, die Sie motivieren, weiterzumachen.

2. Schuldenlawinenmethode: Bei dieser Methode werden Ihre Schulden in der Reihenfolge

des höchsten bis niedrigsten Zinssatzes zurückgezahlt, unabhängig vom Saldo. Sie leisten Mindestzahlungen für alle Schulden mit Ausnahme der mit dem höchsten Zinssatz, in die Sie so viel Geld wie möglich investieren. Sobald sich das ausgezahlt hat, gehen Sie auf die Schulden mit dem nächsthöheren Zinssatz über. Diese Methode spart Ihnen im Laufe der Zeit am meisten Zinszahlungen, aber es kann länger dauern, eine einzelne Schuld zu begleichen, was für manche Menschen demotivierend sein kann.

Die Wahl zwischen diesen beiden Methoden hängt davon ab, was Sie mehr motiviert. Wenn Sie durch schnelle Erfolge motiviert sind und Fortschritte sehen müssen, um auf dem richtigen Weg zu bleiben, ist die Debt Snowball-Methode möglicherweise am besten für Sie geeignet. Wenn Sie durch Zahlen motiviert sind und so viel Geld wie möglich sparen möchten, ist die Debt Avalanche-Methode möglicherweise Ihre bevorzugte Wahl.

Zusätzlich zu diesen Methoden ist es wichtig, mindestens die Mindestzahlungen für alle Ihre Schulden zu leisten, um verspätete Gebühren und Schäden an Ihrer Kreditwürdigkeit zu vermeiden. Wenn Sie hochverzinsliche Schulden wie Kreditkartenschulden haben, sollten Sie

Strategien zur Senkung des Zinssatzes in Betracht ziehen, z. B. Kreditkarten oder Schuldenkonsolidierungsdarlehen, die wir im nächsten Abschnitt besprechen werden.

Denken Sie daran, das Wichtigste ist, eine Strategie zu wählen, die für Sie funktioniert, und dabei zu bleiben. Konsistenz ist der Schlüssel, wenn es um die Rückzahlung von Schulden geht.

3.3: Die Schneeball- und Lawinenmethode

Die Snowball- und Avalanche-Methoden sind zwei der beliebtesten Strategien zur Schuldentilgung. Beide zielen darauf ab, den Schuldentilgungsprozess zu vereinfachen, aber sie gehen die Aufgabe unterschiedlich an.

Die Schneeballmethode

Dieser Ansatz konzentriert sich auf die Höhe der Schulden. Und so funktioniert's:

1. Listen Sie Ihre Schulden vom kleinsten zum größten auf: Ignorieren Sie die Zinssätze vorerst; Konzentriere dich einfach auf den Betrag, den du schuldest.

2. Machen Sie Mindestzahlungen für alle Schulden außer den kleinsten: Investieren Sie so viel Geld wie möglich in die Tilgung dieser kleinsten Schulden.

3. Sobald die kleinste Schuld abbezahlt ist, nehmen Sie das Geld, das Sie in sie gesteckt haben, und wenden Sie es auf die nächstkleinere Schuld an: Die Idee ist, dass Sie, wenn Sie jede Schuld abbezahlen, Schwung erzeugen - wie ein Schneeball, der einen Hügel hinunterrollt.

Der psychologische Schub durch die Tilgung einer Schuld kann erheblich sein und Sie motivieren, weiter daran zu arbeiten, schuldenfrei zu werden. Der Nachteil der Schneeballmethode ist, dass Sie im Laufe der Zeit möglicherweise mehr Zinsen zahlen, insbesondere wenn Ihre größeren Schulden auch höhere Zinssätze haben.

Die Lawinenmethode

Dieser Ansatz konzentriert sich auf den Zinssatz der Schulden. Und so funktioniert's:

1. Listen Sie Ihre Schulden vom höchsten bis zum niedrigsten Zinssatz auf: Ignorieren Sie diesmal die Höhe des Guthabens.

2. Machen Sie Mindestzahlungen für alle Ihre Schulden mit Ausnahme der mit dem höchsten Zinssatz: Setzen Sie so viel Geld wie möglich in diese Schulden ein.

3. Sobald die Schulden mit dem höchsten Zinssatz getilgt sind, nehmen Sie das Geld, das Sie in sie gesteckt haben, und wenden Sie es auf die Schulden mit dem nächsthöheren Zinssatz an: Mit dieser Methode können Sie auf lange Sicht Geld sparen, da Sie zuerst die teuersten Schulden in Angriff

nehmen.

Die Avalanche-Methode ist mathematisch vorteilhaft, da sie die Höhe der Zinsen, die Sie im Laufe der Zeit zahlen, minimiert. Es kann jedoch länger dauern, eine einzelne Schuld zu begleichen, was für manche Menschen demotivierend sein kann.

Beide Methoden haben ihre Vor- und Nachteile. Es kommt auf die persönlichen Vorlieben an und darauf, was Sie motiviert, an dem Plan festzuhalten. Manche Leute könnten sogar feststellen, dass eine Kombination beider Methoden für sie am besten funktioniert. Das Wichtigste ist, sich auf einen Plan festzulegen und konsequent zu bleiben, bis Sie schuldenfrei sind.

3.4: Verhandlung von Zinssätzen und -bedingungen

Wenn es um das Schuldenmanagement geht, besteht eine oft übersehene Strategie darin, Zinssätze und Bedingungen mit Ihren Gläubigern auszuhandeln. Dies kann ein wirksames Instrument sein, um Ihre finanzielle Belastung zu reduzieren und Ihren Weg zur Schuldenfreiheit zu beschleunigen. So gehen Sie vor:

1. Kennen Sie Ihre Position: Bevor Sie verhandeln, sollten Sie Ihre finanzielle Situation gründlich verstehen. Kennen Sie Ihre Kreditwürdigkeit, die Zinssätze, die Sie derzeit zahlen, und haben Sie ein klares Bild von Ihren Einnahmen und Ausgaben.

2. Recherchieren Sie: Verstehen Sie die durchschnittlichen Zinssätze für die Art Ihrer Schulden. Wenn Ihre Preise über dem Durchschnitt liegen, könnte dies ein guter Verhandlungspunkt sein.

3. Setzen Sie sich mit Ihren Gläubigern in Verbindung: Wenden Sie sich an Ihre Gläubiger, um Ihre Situation zu besprechen. Seien Sie ehrlich über Ihre finanzielle Situation und Ihre Zahlungsfähigkeit. Das Schlimmste, was sie sagen können, ist nein, aber viele werden bereit sein,

mit Ihnen zusammenzuarbeiten, besonders wenn die Alternative darin besteht, dass Sie mit Ihren Schulden in Verzug geraten.

4. Fragen Sie nach niedrigeren Zinssätzen: Wenn Sie ein guter Kunde waren, ist Ihr Gläubiger möglicherweise bereit, Ihren Zinssatz zu senken. Dies ist besonders häufig bei Kreditkartenunternehmen der Fall.

5. Fordern Sie einen Härtefallplan an: Wenn Sie mit finanziellen Schwierigkeiten konfrontiert sind, wie z. B. Arbeitsplatzverlust oder einem medizinischen Notfall, fragen Sie, ob Ihr Gläubiger einen Härtefallplan anbietet. Diese Pläne können Ihren Zinssatz senken, auf Gebühren verzichten oder es Ihnen sogar ermöglichen, Zahlungen für einen bestimmten Zeitraum auszusetzen.

6. Ziehen Sie ein Schuldenkonsolidierungsdarlehen in Betracht: Wenn die Verhandlungen nicht funktionieren, können Sie ein Schuldenkonsolidierungsdarlehen in Betracht ziehen. Dabei nehmen Sie einen neuen Kredit zu einem niedrigeren Zinssatz auf, um Ihre bestehenden hochverzinslichen Schulden zu begleichen. Seien Sie jedoch vorsichtig, da diese Strategie Disziplin erfordert, um die Anhäufung neuer Schulden zu vermeiden.

7. Suchen Sie professionelle Hilfe: Wenn Ihre Schuldensituation komplex ist, sollten Sie sich an eine Kreditberatungsstelle wenden. Sie können Sie beraten und sogar in Ihrem Namen mit Gläubigern verhandeln.

Denken Sie daran, dass das Ziel der Aushandlung von Zinssätzen und Bedingungen darin besteht, Ihre Schulden überschaubarer zu machen, damit Sie sie schneller zurückzahlen können. Es ist jedoch keine Wunderwaffe. Sie müssen sich immer noch zu einer Schuldentilgungsstrategie verpflichten und Ihre Ausgabengewohnheiten anpassen, um zu vermeiden, dass Sie wieder in Schulden geraten.

Im nächsten Abschnitt besprechen wir, wie Sie gute finanzielle Gewohnheiten beibehalten können, nachdem Sie Ihre Schulden abbezahlt haben, um Sie für eine finanziell sichere Zukunft zu rüsten.

3.5: Schuldenfrei bleiben

Das Erreichen eines schuldenfreien Status ist eine bedeutende Errungenschaft. Die Aufrechterhaltung dieses Status erfordert jedoch Disziplin, kluge Entscheidungsfindung und ständige Wachsamkeit. Hier sind Strategien, die Ihnen helfen, schuldenfrei zu bleiben:

1. Pflegen Sie ein Budget: Auch nach der Schuldenfreiheit ist es wichtig, weiterhin im Rahmen Ihrer Möglichkeiten zu leben. Überprüfen und aktualisieren Sie Ihr Budget regelmäßig, um Änderungen Ihrer Einnahmen, Ausgaben und finanziellen Ziele widerzuspiegeln.

2. Bauen Sie einen Notfallfonds auf: Ein Notfallfonds ist entscheidend, um zukünftige Schulden zu verhindern. Es bietet ein finanzielles Polster für unerwartete Ausgaben oder Einkommensverluste. Ziel ist es, zwischen drei und sechs Monate Lebenshaltungskosten zu sparen.

3. Planen Sie größere Ausgaben: Wenn Sie erhebliche Ausgaben wie Hausrenovierungen, ein neues Auto oder einen Urlaub erwarten, sparen Sie im Voraus dafür. Auf diese Weise können Sie bar bezahlen und vermeiden die Aufnahme neuer Schulden.

4. Verwenden Sie Kredite mit Bedacht: Es ist in Ordnung, Kreditkarten für die Vorteile zu verwenden, die sie bieten, wie Belohnungen und Kaufschutz, aber es ist wichtig, dass Sie Ihr Guthaben jeden Monat vollständig auszahlen, um Zinskosten zu vermeiden.

5. Überprüfen Sie regelmäßig Ihre Kreditauskunft: Die Überwachung Ihrer Kreditauskunft kann Ihnen helfen, Fehler oder betrügerische Aktivitäten frühzeitig zu erkennen, wodurch unnötige Schulden vermieden werden können.

6. Priorisieren Sie Sparen und Investieren: Jetzt, da Sie kein Geld mehr für Schulden verwenden, können Sie mehr für Sparen und Investieren verwenden. Dies wird Ihnen helfen, Vermögen aufzubauen und finanzielle Ziele wie den Ruhestand oder den Kauf eines Eigenheims zu erreichen.

7. Bleiben Sie auf dem Laufenden: Bleiben Sie auf dem Laufenden über Finanznachrichten und -trends. Je mehr Sie über persönliche Finanzen wissen, desto bessere Entscheidungen können Sie treffen.

8. Vermeiden Sie Impulskäufe: Nehmen Sie sich immer Zeit, um große Einkäufe in Betracht zu ziehen. Wenn Sie 24 Stunden warten, können Sie entscheiden, ob es etwas ist, das Sie wirklich brauchen und sich leisten können.

9. Lassen Sie sich professionell beraten: Erwägen Sie, mit einem Finanzberater

zusammenzuarbeiten, um Ihre Finanzen zu verwalten, insbesondere wenn Sie komplexe Anforderungen wie Nachlassplanung oder Anlageverwaltung haben.

Schuldenfrei zu bleiben ist nicht immer einfach, aber es lohnt sich für die finanzielle Freiheit und den Seelenfrieden, den es mit sich bringt. Mit sorgfältiger Planung, disziplinierten Ausgaben und der Verpflichtung zum Sparen und Investieren können Sie ein schuldenfreies Leben führen und eine sichere finanzielle Zukunft aufbauen.

Kapitel 4: Kreditangelegenheiten: Aufbau und Aufrechterhaltung einer starken Kreditwürdigkeit

4.1: Die Grundlagen der Kreditwürdigkeit

Ein Kredit-Score ist eine numerische Darstellung Ihrer Kreditwürdigkeit, d.h. der Wahrscheinlichkeit, dass Sie Ihre Schulden zurückzahlen werden. Kreditgeber verwenden Kredit-Scores, um das Risiko zu bewerten, wenn sie entscheiden, ob und zu welchem Zinssatz Kredite gewährt werden sollen. Eine höhere Kreditwürdigkeit kann zu besseren Kreditbedingungen, niedrigeren Zinssätzen und mehr finanziellen Möglichkeiten führen.

Hier sind die Grundlagen der Kreditwürdigkeit:

1. Kredit-Score-Bereiche: In den USA liegen die Kredit-Scores in der Regel zwischen 300 und 850, abhängig vom verwendeten Scoring-Modell. Die beiden am häufigsten verwendeten Modelle sind FICO und VantageScore. Eine Punktzahl von 670 oder höher wird nach FICO-Standards im Allgemeinen als gut angesehen, während eine Punktzahl von 700 oder höher nach VantageScore-Standards als gut angesehen wird.

2. Faktoren, die sich auf Ihre Kreditwürdigkeit auswirken: Mehrere Faktoren beeinflussen Ihre Kreditwürdigkeit, darunter:

- Zahlungshistorie (35% Ihres FICO-Scores): Dies ist der wichtigste Faktor. Verspätete oder verpasste Zahlungen können Ihre Kreditwürdigkeit ernsthaft beeinträchtigen. Wenn Sie Ihre Rechnungen konsequent pünktlich bezahlen, kann sich dies positiv auswirken.

- Geschuldete Beträge oder Kreditauslastung (30%): Dies ist das Verhältnis Ihrer ausstehenden Schulden zu Ihrem gesamten verfügbaren Kredit. Die Kreditgeber bevorzugen es, dass dieses Verhältnis unter 30% liegt.

- Länge der Kredithistorie (15%): Kreditgeber betrachten Kreditnehmer mit einer längeren, positiven Kredithistorie als weniger riskant. Dazu gehören das Alter Ihres ältesten Kontos, das Alter Ihres neuesten Kontos und das Durchschnittsalter aller Ihrer Konten.

- Kreditmix (10%): Dies bezieht sich auf die Arten von Krediten, die Sie haben, einschließlich Kreditkarten, Ratenkredite, Einzelhandelskonten und Hypothekendarlehen. Eine Mischung aus verschiedenen Kreditarten kann sich positiv auf Ihre Punktzahl auswirken.

- Neuer Kredit (10%): Die Eröffnung mehrerer neuer Kreditkonten in kurzer Zeit kann den Kreditgebern ein Risiko signalisieren und Ihre Punktzahl senken.

3. Überprüfung Ihrer Kreditwürdigkeit: Sie haben Anspruch auf eine kostenlose Kopie Ihrer Kreditauskunft von jedem der drei großen Kreditbüros (Experian, Equifax und TransUnion) einmal im Jahr bis AnnualCreditReport.com. Die regelmäßige Überprüfung Ihrer Kreditauskunft kann Ihnen helfen, Ihre finanziellen Gewohnheiten zu verstehen, Fehler zu erkennen und Anzeichen von Identitätsdiebstahl zu erkennen.

4. So verbessern Sie Ihre Kreditwürdigkeit: Ein konsistentes, verantwortungsbewusstes Kreditverhalten im Laufe der Zeit ist der Schlüssel zur Verbesserung Ihrer Kreditwürdigkeit. Dazu gehört, dass Sie Ihre Rechnungen pünktlich bezahlen, Ihre Kreditauslastung niedrig halten und nur bei Bedarf neue Kreditkonten eröffnen.

Das Verständnis Ihrer Kreditwürdigkeit und wie sie berechnet wird, ist der erste Schritt zum Aufbau und zur Aufrechterhaltung einer starken Kreditwürdigkeit. In den nächsten Abschnitten werden wir uns mit detaillierteren Strategien zur Verbesserung und Erhaltung Ihrer Kreditwürdigkeit befassen.

4.2: Kreditauskünfte verstehen

Kreditauskünfte sind detaillierte Aufzeichnungen Ihrer Kredithistorie, die von Kreditauskunfteien zusammengestellt werden. Kreditgeber, Vermieter und sogar einige Arbeitgeber überprüfen Ihre Kreditauskunft, um Ihre finanzielle Stabilität zu bewerten. Das Verständnis Ihrer Kreditauskunft ist entscheidend für das Management Ihrer finanziellen Gesundheit und die Arbeit an Ihren finanziellen Zielen.

Hier ist, was Sie wissen müssen:

1. Was steht in Ihrer Kreditauskunft?

Ihre Kreditauskunft enthält verschiedene Arten von Informationen:

- Identifizierende Informationen: Dazu gehören Ihr Name, Ihre Adresse, Ihre Sozialversicherungsnummer und möglicherweise Beschäftigungsinformationen. Diese Informationen werden verwendet, um Sie zu identifizieren, haben jedoch keinen Einfluss auf Ihre Kreditwürdigkeit.

- Kreditkonten: Ihre Kreditauskunft listet alle Ihre Kreditkonten auf, einschließlich Kreditkarten,

Hypotheken und Autokredite. Für jedes Konto zeigt der Bericht die Art des Kontos, das Datum der Eröffnung, Ihr Kreditlimit oder Ihren Kreditbetrag, den Kontostand und Ihren Zahlungsverlauf an.

- Kreditanfragen: Diese werden jedes Mal aufgelistet, wenn ein Kreditgeber, Vermieter oder ein anderes Unternehmen Ihre Kreditwürdigkeit überprüft. "Harte" Anfragen, die auftreten, wenn Sie einen neuen Kredit beantragen, können Ihre Kreditwürdigkeit senken. "Weiche" Anfragen, z. B. wenn Sie Ihre Kreditwürdigkeit überprüfen oder ein Unternehmen sie zu Werbezwecken überprüft, haben keinen Einfluss auf Ihre Punktzahl.

- Öffentliche Aufzeichnungen und Sammlungen: Schwerwiegende Zahlungsausfälle wie Insolvenzen, Zwangsvollstreckungen, Klagen, Lohnpfändungen, Pfandrechte und Urteile können ebenfalls in Ihrer Kreditauskunft erscheinen.

2. Wer erstellt Ihre Kreditauskunft?

In den USA erstellen drei große Kreditauskunfteien Kreditauskünfte: Experian, Equifax und TransUnion. Jedes Büro kann leicht unterschiedliche Informationen über Sie haben, da nicht alle Gläubiger an alle drei Büros berichten.

3. So überprüfen Sie Ihre Kreditauskunft

Sie können eine kostenlose Kopie Ihrer Kreditauskunft von jedem der drei großen Kreditbüros einmal im Jahr bis AnnualCreditReport.com anfordern. Es ist eine gute Idee, Ihre Kreditauskunft regelmäßig zu überprüfen, um sicherzustellen, dass die Informationen korrekt sind und um Anzeichen von Identitätsdiebstahl zu erkennen.

4. Anfechtung von Fehlern

Wenn Sie Fehler in Ihrer Kreditauskunft finden, haben Sie das Recht, diese anzufechten. Sie können dies tun, indem Sie an die Schufa schreiben und alle Nachweise vorlegen, die Sie haben. Das Präsidium muss das Problem untersuchen und etwaige Fehler korrigieren.

Das Verständnis Ihrer Kreditauskunft ist ein wichtiger Bestandteil der Verwaltung Ihrer Finanzen. Es hilft Ihnen, das Gesamtbild Ihrer finanziellen Gesundheit zu sehen, das über Ihre Kreditwürdigkeit hinausgeht. In den folgenden Abschnitten werden wir uns damit befassen, wie Sie dieses Verständnis nutzen können, um Ihre Kreditwürdigkeit und damit Ihre finanziellen

Aussichten zu verbessern.

4.3: Etablierung guter Kreditgewohnheiten

Die Etablierung guter Kreditgewohnheiten ist entscheidend für den Aufbau und die Aufrechterhaltung einer starken Kreditwürdigkeit. Diese Gewohnheiten helfen Ihnen nicht nur, sich für die besten Kreditzinsen und -bedingungen zu qualifizieren, sondern beeinflussen auch Ihre finanzielle Gesundheit im Allgemeinen. Hier sind die wichtigsten Praktiken, die Sie anwenden sollten:

1. Bezahlen Sie Ihre Rechnungen pünktlich: Das Zahlungsverhalten ist der wichtigste Faktor, der Ihre Kreditwürdigkeit beeinflusst. Machen Sie immer mindestens die Mindestzahlung für alle Ihre Rechnungen bis zum Fälligkeitsdatum. Durch das Einrichten automatischer Zahlungen können Sie sicherstellen, dass Sie kein Fälligkeitsdatum verpassen.

2. Halten Sie Ihre Kreditauslastung niedrig: Versuchen Sie, Ihre Kreditauslastungsquote - die Höhe des Kredits, den Sie im Vergleich zu Ihrem gesamten Kreditlimit verwenden - unter 30% zu halten. Wenn möglich, zahlen Sie Ihr Kreditkartenguthaben jeden Monat vollständig aus.

3. Eröffnen Sie nicht zu viele neue Konten auf einmal: Jedes Mal, wenn Sie ein neues Kreditkonto beantragen, wird eine harte Anfrage gestellt, die Ihre Kreditwürdigkeit leicht senken kann. Die Eröffnung mehrerer neuer Konten in kurzer Zeit kann den Kreditgebern ein Risiko signalisieren.

4. Pflegen Sie eine Mischung aus Kreditarten: Eine Mischung aus verschiedenen Arten von Krediten - wie Kreditkarten, Autokredite und eine Hypothek - kann für Ihre Kreditwürdigkeit von Vorteil sein. Es ist jedoch wichtig, nicht mehr Schulden aufzunehmen, als Sie bewältigen können.

5. Überprüfen Sie regelmäßig Ihre Kreditauskunft: Wenn Sie Ihre Kreditauskunft regelmäßig überprüfen, können Sie Fehler erkennen und korrigieren und potenzielle Anzeichen von Identitätsdiebstahl erkennen. Sie haben Anspruch auf einen kostenlosen Bericht von jedem der drei großen Kreditbüros einmal im Jahr.

6. Halten Sie alte Kreditkonten offen: Die Länge Ihrer Kredithistorie ist ein Faktor für Ihre Kreditwürdigkeit. Auch wenn Sie nicht oft eine Kreditkarte verwenden, kann das Offenhalten des Kontos dazu beitragen, das Durchschnittsalter Ihrer Kreditkonten zu erhöhen.

7. Lassen Sie sich professionell beraten: Wenn Sie Schwierigkeiten haben, Ihre Kreditwürdigkeit zu verwalten oder Ihre Kreditwürdigkeit zu verbessern, sollten Sie sich an eine Kreditberatungsstelle wenden. Sie können Sie beraten und sogar in Ihrem Namen mit Gläubigern verhandeln.

Denken Sie daran, dass es keine schnelle Lösung für die Verbesserung Ihrer Kreditwürdigkeit gibt. Es braucht Zeit und konsequent gute Gewohnheiten. Aber die Vorteile einer starken Kreditwürdigkeit - einschließlich des Zugangs zu besseren Kreditbedingungen und Zinssätzen - machen die Mühe lohnenswert. Im nächsten Abschnitt besprechen wir, wie Sie sich erholen und wieder aufbauen können, wenn Ihre Kreditwürdigkeit einen Schlag erlitten hat.

4.4: Beschädigtes Guthaben reparieren

Die Reparatur beschädigter Kredite kann sich wie eine entmutigende Aufgabe anfühlen, aber mit Geduld, Disziplin und einem systematischen Ansatz ist es durchaus machbar. So gehen Sie vor:

1. Verstehen Sie die Situation: Beginnen Sie damit, eine Kopie Ihrer Kreditauskunft von jedem der drei großen Kreditauskunfteien zu erhalten: Experian, Equifax und TransUnion. Wenn Sie verstehen, was in Ihrer Kreditauskunft steht, können Sie die Bereiche identifizieren, die verbessert werden müssen.

2. Anfechtungsfehler: Wenn Sie Ungenauigkeiten in Ihrer Kreditauskunft finden, haben Sie das Recht, diese anzufechten. Die Auskunfteien sind verpflichtet, etwaige Fehler zu untersuchen und zu korrigieren. Dieser Prozess kann einige Zeit in Anspruch nehmen, aber er kann Ihre Kreditwürdigkeit erheblich verbessern, wenn der Streit zu Ihren Gunsten beigelegt wird.

3. Priorisieren Sie überfällige Konten: Wenn Sie überfällige Konten haben, bringen Sie sie so schnell wie möglich auf den neuesten Stand. Verspätete oder verpasste Zahlungen wirken sich erheblich negativ auf Ihre Kreditwürdigkeit aus.

4. Schulden abbezahlen: Die Senkung Ihrer Gesamtschuldenlast ist eine großartige Möglichkeit, Ihren Kredit zu reparieren. Konzentrieren Sie sich zunächst auf hochverzinsliche Schulden, da diese am teuersten sind. Erwägen Sie, Strategien wie die Lawinen- oder Schneeballmethode zu verwenden, um Ihre Schulden effizienter zu begleichen.

5. Erstellen Sie ein Budget und halten Sie sich daran: Ein Budget kann Ihnen helfen, Ihr Geld effektiver zu verwalten und sicherzustellen, dass Sie genug haben, um Ihre Schuldenzahlungen jeden Monat zu decken. Wenn Sie Schwierigkeiten haben, ein Budget zu erstellen oder einzuhalten, sollten Sie die Zusammenarbeit mit einer Kreditberatungsstelle in Betracht ziehen.

6. Halten Sie die Kreditauslastung niedrig: Versuchen Sie, nicht mehr als 30% Ihres verfügbaren Guthabens zu einem bestimmten Zeitpunkt zu verwenden. Dies zeigt den Kreditgebern, dass Sie Kredite verantwortungsvoll verwalten können.

7. Bauen Sie eine positive Kredithistorie auf: Sobald Sie Ihre Konten auf den neuesten Stand gebracht und begonnen haben, Ihre

Schulden zu reduzieren, konzentrieren Sie sich auf den Aufbau einer positiven Kredithistorie. Dies bedeutet, dass Sie alle Ihre Rechnungen pünktlich bezahlen, eine niedrige Kreditauslastung beibehalten und eine Mischung von Kreditarten verantwortungsbewusst verwalten müssen.

8. Seien Sie geduldig: Die Reparatur beschädigter Kredite ist ein Marathon, kein Sprint. Es kann Monate oder sogar Jahre dauern, bis signifikante Verbesserungen zu sehen sind. Jeder Schritt, den Sie unternehmen, um Schulden abzubauen und pünktliche Zahlungen zu leisten, ist jedoch ein Schritt in Richtung eines gesünderen Kreditprofils.

Denken Sie daran, dass es zwar wichtig ist, Ihren Kredit zu reparieren, aber es ist genauso wichtig, die Gewohnheiten und Verhaltensweisen zu verstehen, die überhaupt erst zu dem Schaden geführt haben. Indem Sie diese Probleme angehen und gesündere finanzielle Gewohnheiten etablieren, können Sie zukünftige Kreditprobleme verhindern und eine starke finanzielle Grundlage schaffen.

4.5: Überwachung und Schutz Ihres Guthabens

Die regelmäßige Überwachung und der Schutz Ihrer Kreditwürdigkeit ist unerlässlich, um eine starke Kreditwürdigkeit aufrechtzuerhalten und Ihre finanzielle Identität zu schützen. Hier sind die wichtigsten Schritte, die Sie unternehmen müssen:

1. Überprüfen Sie regelmäßig Ihre Kreditauskunft: Holen Sie sich Ihre kostenlose jährliche Kreditauskunft von jedem der drei großen Kreditauskunfteien (Experian, Equifax und TransUnion) über AnnualCreditReport.com. Die regelmäßige Überprüfung Ihrer Kreditauskunft hilft Ihnen, Fehler zu erkennen, potenziellen Betrug zu identifizieren und Ihre Fortschritte bei der Verbesserung Ihrer Kreditwürdigkeit zu verfolgen.

2. Überprüfen Sie Ihre monatlichen Kontoauszüge: Überprüfen Sie Ihre Bank- und Kreditkartenabrechnungen jeden Monat auf nicht autorisierte Transaktionen oder Fehler. Melden Sie verdächtige Aktivitäten sofort Ihrem Finanzinstitut.

3. Richten Sie Kontobenachrichtigungen ein: Viele Banken und Kreditkartenherausgeber bieten anpassbare Benachrichtigungen an, um Sie

über Kontoaktivitäten zu informieren, z. B. über große Transaktionen oder die Annäherung an Ihr Kreditlimit. Diese Benachrichtigungen können Ihnen helfen, den Überblick über Ihre Kontoaktivitäten zu behalten und betrügerische Gebühren zu erkennen.

4. Schützen Sie Ihre persönlichen Daten: Seien Sie vorsichtig, wenn Sie Ihre persönlichen und finanziellen Informationen online oder telefonisch weitergeben. Verwenden Sie starke, eindeutige Passwörter für Ihre Online-Konten und erwägen Sie die Verwendung eines Passwort-Managers, der Ihnen hilft, den Überblick zu behalten.

5. Ziehen Sie Kreditüberwachungsdienste in Betracht: Kreditüberwachungsdienste verfolgen Änderungen an Ihrer Kreditauskunft und warnen Sie vor potenziell betrügerischen Aktivitäten. Einige Dienste bieten sogar eine Versicherung gegen Identitätsdiebstahl und Unterstützung bei der Lösung von Problemen mit Identitätsdiebstahl an. Kreditüberwachungsdienste können Identitätsdiebstahl zwar nicht verhindern, aber sie können frühzeitig erkennen und beruhigt sein.

6. Platzieren Sie eine Betrugswarnung oder ein Einfrieren des Kredits: Wenn Sie vermuten, dass Sie Opfer eines Identitätsdiebstahls geworden sind

oder einem hohen Risiko ausgesetzt sind, können Sie eine Betrugswarnung in Ihrer Kreditauskunft platzieren. Dies erfordert, dass die Gläubiger Ihre Identität überprüfen, bevor sie einen neuen Kredit gewähren. Alternativ können Sie ein Einfrieren des Guthabens vornehmen, das verhindert, dass jeder, einschließlich Ihnen, neue Konten in Ihrem Namen eröffnet, bis das Einfrieren aufgehoben wird.

7. Bleiben Sie auf dem Laufenden: Informieren Sie sich über aktuelle Betrügereien und Betrugstaktiken und bleiben Sie auf dem Laufenden über die neuesten Nachrichten zu persönlichen Finanzen und Krediten. Je mehr Sie wissen, desto besser sind Sie gerüstet, um sich zu schützen.

Durch die aktive Überwachung und den Schutz Ihrer Kreditwürdigkeit können Sie eine starke Kreditwürdigkeit aufrechterhalten und potenzielle finanzielle Probleme vermeiden. Denken Sie daran, dass die Sicherung Ihres Kredits ein fortlaufender Prozess ist, und wachsam zu bleiben, wird Ihnen helfen, eine gesunde finanzielle Zukunft zu gewährleisten.

Kapitel 5: Smart Spending: Fundierte Kaufentscheidungen treffen

5.1: Bedürfnisse vs. Wünsche

Den Unterschied zwischen Bedürfnissen und Wünschen zu verstehen, ist von grundlegender Bedeutung, um kluge Ausgabenentscheidungen zu treffen. Es ist ein Konzept, das einfach erscheint, aber in einer Welt voller Werbung und sozialem Druck kann es leicht sein, die Grenze zwischen den beiden zu verwischen. Hier erfahren Sie, wie Sie Ihre Bedürfnisse und Wünsche differenzieren und ausbalancieren können.

1. Bedürfnisse verstehen:

Bedürfnisse sind Ausgaben, die für Ihr Überleben und Ihr grundlegendes Wohlbefinden unerlässlich sind. Sie sind die Dinge, ohne die Sie nicht leben können, und sie beinhalten typischerweise:

- Nahrung und Wasser
- Unterkunft (Miete oder Hypothek)
- Grundlegende Kleidung
-Gesundheitswesen
-Transport

2. Verstehen will:

Wünsche hingegen sind Dinge, die Ihre Lebensqualität verbessern, aber für Ihr Überleben oder Ihr grundlegendes Wohlbefinden nicht wesentlich sind. Sie sind die Extras, auf die Sie bei Bedarf verzichten können. Zu den Wünschen gehören unter anderem:

- Essen gehen in Restaurants
-Urlaubszeiten
- High-End-Elektronik
- Designerkleidung
- Luxusautos

3. Unterscheidung zwischen Bedürfnissen und Wünschen:

Die Grenze zwischen Bedürfnissen und Wünschen ist nicht immer klar und kann sich je nach Ihren persönlichen Umständen verschieben. Zum Beispiel könnte ein Auto ein Wunsch für jemanden sein, der in einer Stadt mit zuverlässigen öffentlichen Verkehrsmitteln lebt, aber ein Bedürfnis für jemanden, der in einer ländlichen Gegend lebt.

Um zwischen Bedürfnissen und Wünschen zu unterscheiden, fragen Sie sich: "Kann ich ohne das leben?" Wenn die Antwort ja ist, ist es wahrscheinlich ein Wunsch. Eine andere Strategie besteht darin, eine Wartezeit für Käufe einzuführen, die nicht notwendig sind. Wenn Sie den Artikel nach einer Woche oder einem Monat immer noch möchten und er in Ihr Budget passt, können Sie den Kauf in Betracht ziehen.

4. Bedürfnisse und Wünsche in Einklang bringen:

Das Ausbalancieren von Bedürfnissen und Wünschen ist der Schlüssel zur Aufrechterhaltung eines gesunden finanziellen Lebens. Um dieses Gleichgewicht zu erreichen:

- Priorisieren Sie Ihre Ausgaben: Stellen Sie sicher, dass Ihre Bedürfnisse zuerst erfüllt werden, bevor Sie für Wünsche ausgeben. Ihr Budget sollte das Geld zuerst für wesentliche Ausgaben, Ersparnisse und Schuldentilgung bereitstellen.

- Planen Sie für Wünsche: Weisen Sie einen Teil Ihres Budgets für diskretionäre Ausgaben zu, damit Sie das Leben genießen und sich nicht benachteiligt fühlen können.

- Sparen Sie für große Wünsche: Für größere, teurere Wünsche, wie einen Urlaub oder ein neues Gadget, sparen Sie im Laufe der Zeit, anstatt spontan zu kaufen.

Denken Sie daran, dass es zwar wichtig ist, zu sparen und zu investieren, aber es ist auch wichtig, Ihr Geld verantwortungsbewusst zu genießen. Wenn Sie lernen, Ihre Bedürfnisse und Wünsche zu differenzieren und auszugleichen, können Sie klügere Ausgabenentscheidungen treffen, Schulden vermeiden und Ihre finanziellen Ziele erreichen.

5.2: Preisvergleiche und Angebote finden

Preisvergleiche und das Finden von Angeboten sind zwei effektive Strategien für intelligente Ausgaben. Sie können Ihnen helfen, Geld zu sparen, fundiertere Kaufentscheidungen zu treffen und sicherzustellen, dass Sie das beste Preis-Leistungs-Verhältnis erhalten. So fangen Sie an:

1. Preisvergleich:

Beim Preisvergleich werden Preise und Bewertungen für ein Produkt verschiedener Einzelhändler verglichen, bevor eine Kaufentscheidung getroffen wird. Dies ist ein entscheidender Schritt, insbesondere bei bedeutenden Anschaffungen. Hier erfahren Sie, wie Sie dies effektiv tun können:

- Online-Tools: Verwenden Sie Online-Tools und Apps, die Preise von verschiedenen Einzelhändlern aggregieren. Websites wie Google Shopping, PriceGrabber und Shopzilla können Ihnen helfen, das beste Angebot zu finden.

- Bewertungen lesen: Kundenrezensionen können wertvolle Einblicke in die Qualität und Leistung eines Produkts geben. Seien Sie jedoch vorsichtig bei gefälschten Bewertungen. Suchen Sie nach detaillierten Bewertungen von verifizierten Käufern.

- Berücksichtigen Sie die Gesamtkosten: Denken Sie daran, zusätzliche Kosten wie Umsatzsteuer, Versand- und Bearbeitungsgebühren zu berücksichtigen. Manchmal ist das, was wie ein gutes Geschäft aussieht, nicht der Fall, wenn diese berücksichtigt werden.

2. Angebote finden:

Um Angebote zu finden, müssen Sie nach Rabatten, Verkäufen und Werbeaktionen suchen. Hier sind einige Strategien:

- Ermäßigte Geschenkkarten: Erwägen Sie den Kauf von ermäßigten Geschenkkarten für Geschäfte, in denen Sie häufig einkaufen. Websites wie Raise oder Gift Card Granny bieten Geschenkkarten unter ihrem Nennwert an.

- Gutscheine: Suchen Sie nach Gutscheinen in Mailern, Zeitungen und Websites wie Coupons.com. Einige Geschäfte haben ihre eigenen Apps mit digitalen Gutscheinen.

- Verkaufs- und Ausverkaufsregale: Überprüfen Sie regelmäßig die Verkaufs- und Ausverkaufsbereiche in physischen Geschäften. Verkäufe am Ende der Saison bieten oft die besten Angebote.

- Cashback- und Prämienprogramme: Verwenden Sie Cashback- und Prämienprogramme. Einige Kreditkarten bieten Cashback für bestimmte Kategorien von Einkäufen. Apps wie Rakuten bieten Cashback für den Einkauf in bestimmten Online-Shops.

- Preissenkungsalarme: Wenn Sie es nicht eilig haben, richten Sie Preissenkungsalarme für Artikel ein, die Sie benötigen. Websites wie Honey und CamelCamelCamel können Sie benachrichtigen, wenn der Preis eines Produkts sinkt.

Denken Sie daran, dass das Ziel von Preisvergleichen und Angeboten nicht nur darin besteht, Geld zu sparen, sondern auch fundiertere Entscheidungen zu treffen und das beste Preis-Leistungs-Verhältnis zu erzielen. Lassen Sie sich jedoch nicht von einem guten Geschäft dazu überreden, etwas zu kaufen, das Sie nicht brauchen. Beziehen Sie sich immer auf Ihr Budget und Ihre Liste der Bedürfnisse und Wünsche.

5.3: Kreditkarten mit Bedacht einsetzen

Kreditkarten können, wenn sie mit Bedacht eingesetzt werden, mächtige Finanzinstrumente sein. Sie können Ihnen helfen, Ihre Kreditwürdigkeit zu verbessern, Betrugsschutz zu bieten und Belohnungen und Cashback anzubieten. Sie können jedoch auch zu Schulden führen, wenn sie nicht ordnungsgemäß verwaltet werden. Hier sind einige Strategien, um Kreditkarten mit Bedacht zu verwenden:

1. Wählen Sie die richtige Karte:

Nicht alle Kreditkarten sind gleich. Sie sind mit unterschiedlichen Zinssätzen, Gebühren, Belohnungsprogrammen und Bedingungen verbunden. Berücksichtigen Sie bei der Auswahl einer Kreditkarte Ihren Lebensstil, Ihre Ausgabengewohnheiten und Ihre finanziellen Ziele. Wenn Sie häufig reisen, kann eine Karte mit Reiseprämien von Vorteil sein. Wenn Sie Kredite aufbauen möchten, könnte eine gesicherte Kreditkarte ein guter Ausgangspunkt sein.

2. Verstehen Sie die Bedingungen:

Lesen und verstehen Sie die Allgemeinen Geschäftsbedingungen Ihrer Kreditkarte. Achten

Sie auf den effektiven Jahreszins, die Jahresgebühren, die Strafen für verspätete Zahlungen und die Berechnung Ihres Guthabens durch Ihren Kreditkartenaussteller.

3. Bezahlen Sie Ihr Guthaben jeden Monat vollständig:

Vermeiden Sie Zinsen, indem Sie Ihr Kreditkartenguthaben jeden Monat vollständig bezahlen. Wenn Sie es sich nicht leisten können, einen Kauf innerhalb eines Monats abzuzahlen, ist dies wahrscheinlich keine kluge Ausgabe.

4. Schöpfen Sie Ihr Kreditlimit nicht aus:

Ziel ist es, weniger als 30 % Ihres verfügbaren Guthabens zu verwenden. Wenn Sie zu viel verwenden, kann dies Ihre Kreditwürdigkeit beeinträchtigen und es schwieriger machen, Ihr Guthaben jeden Monat vollständig zu bezahlen.

5. Setzen Sie Belohnungen mit Bedacht ein:

Wenn Ihre Kreditkarte Belohnungen anbietet, verwenden Sie diese mit Bedacht. Lassen Sie sich nicht von der Aussicht auf Belohnungen zu unnötigen Ausgaben verleiten. Überprüfen Sie auch die Bedingungen Ihres Prämienprogramms, da einige Ablaufdaten oder Einschränkungen haben.

6. Schützen Sie Ihre Kreditkarteninformationen:

Bewahren Sie Ihre Kreditkarteninformationen sicher auf, um Betrug zu verhindern. Geben Sie Ihre Kreditkarteninformationen nicht telefonisch oder auf ungesicherten Websites weiter. Überprüfen Sie Ihr Konto regelmäßig auf nicht autorisierte Gebühren.

7. Suchen Sie bei Bedarf Hilfe:

Wenn Sie mit Kreditkartenschulden zu kämpfen haben, suchen Sie eher früher als später Hilfe. Gemeinnützige Kreditberatungsorganisationen können Sie beraten und Ihnen bei der Erstellung eines Schuldenmanagementplans helfen.

Denken Sie daran, Kreditkarten sind Werkzeuge. Mit Bedacht eingesetzt, können sie viele Vorteile bieten. Rücksichtslos eingesetzt, können sie zu Schulden führen und Ihre finanzielle Gesundheit schädigen. Verwenden Sie Kreditkarten immer als Teil eines gut geplanten Budgets und auf eine Weise, die Ihre finanziellen Ziele fördert.

5.4: Impulskäufe vermeiden

Impulskäufe sind ungeplante Kaufentscheidungen, die kurz vor einem Kauf getroffen werden, oft getrieben von Emotionen oder cleverem Marketing. Während ein gelegentlicher Impulskauf Ihren Finanzen möglicherweise nicht wesentlich schadet, können häufige ungeplante Ausgaben Ihr Budget entgleisen lassen und zu finanziellem Stress führen. So vermeiden Sie Impulskäufe:

1. Erstellen Sie ein Budget und halten Sie es ein:

Ein gut geplantes Budget ist die erste Verteidigungslinie gegen Impulskäufe. Wenn Sie wissen, wie viel Sie sich leisten können, für verschiedene Ausgabenkategorien auszugeben, können Sie fundiertere Entscheidungen treffen.

2. Planen Sie Ihre Einkäufe:

Machen Sie vor dem Einkaufen eine Liste mit dem, was Sie brauchen, und halten Sie sich daran. Dies hilft Ihnen, konzentriert zu bleiben und der Versuchung zu widerstehen, Artikel zu kaufen, die nicht auf Ihrer Liste stehen.

3. Implementieren Sie eine Bedenkzeit:

Wenn Sie etwas finden, das Sie möchten, aber nicht kaufen wollten, warten Sie ein oder zwei Tage, bevor Sie es kaufen. Diese Bedenkzeit kann Ihnen bei der Entscheidung helfen, ob es sich um einen lohnenden Kauf oder eine emotionale Reaktion handelt.

4. Verwenden Sie Bargeld oder Debitkarten:

Die Verwendung von Bargeld oder Debitkarten kann Ihnen das Geld, das Sie ausgeben, bewusster machen. Im Gegensatz zu Kreditkarten, bei denen sich die Ausgaben abstrakt anfühlen können, vermitteln Bargeld und Debitkarten ein greifbares Gefühl dafür, dass Ihr Geld abnimmt.

5. Achten Sie auf Marketing-Taktiken:

Einzelhändler wenden verschiedene Taktiken an, um Impulskäufe zu fördern, z. B. indem sie kleine Artikel in der Nähe der Kasse platzieren oder zeitlich begrenzte Angebote anbieten. Wenn Sie sich dieser Strategien bewusst sind, können Sie ihnen widerstehen.

6. Melden Sie sich von Einzelhandels-E-Mails ab:

Häufige E-Mails von Einzelhändlern, die für

Verkäufe oder neue Produkte werben, können Sie dazu verleiten, Dinge zu kaufen, die Sie nicht benötigen. Erwägen Sie, sich abzumelden oder ein separates E-Mail-Konto für diese E-Mails zu erstellen.

7. Üben Sie achtsames Ausgeben:

Fragen Sie sich, warum Sie einen Kauf tätigen möchten. Geht es darum, ein Bedürfnis zu erfüllen, oder ist es eine Reaktion auf eine Emotion wie Stress oder Langeweile? Wenn Sie Ihre Beweggründe verstehen, können Sie bewusstere Ausgabenentscheidungen treffen.

Die Vermeidung von Impulskäufen kann eine Herausforderung sein, insbesondere bei der Bequemlichkeit des Online-Shoppings und dem ständigen Bombardement von Werbung. Mit Bewusstsein, Disziplin und den richtigen Strategien können Sie jedoch Ihre Ausgaben kontrollieren und Entscheidungen treffen, die Ihre finanziellen Ziele unterstützen.

5.5: Minimalismus und achtsames Ausgeben

Minimalismus ist eine Lifestyle-Entscheidung, bei der es darum geht, mit weniger zu leben und sich auf das zu konzentrieren, was wirklich wichtig ist. Bei achtsamen Ausgaben, einem integralen Bestandteil des Minimalismus, geht es darum, durchdachte und bewusste finanzielle Entscheidungen zu treffen. Die Annahme dieser Konzepte kann zu mehr finanzieller Freiheit und weniger finanziellem Stress führen. So fangen Sie an:

1. Verstehen Sie, was Minimalismus ist:

Beim Minimalismus geht es nicht darum, sich selbst zu berauben oder mit dem Nötigsten zu leben. Stattdessen geht es darum, sich von unnötigen Besitztümern zu befreien und sich auf das zu konzentrieren, was Ihnen echte Freude und Wert bringt.

2. Identifizieren Sie, was für Sie am wichtigsten ist:

Beginnen Sie damit, herauszufinden, was Ihnen im Leben am wichtigsten ist. Dies können Beziehungen, Erfahrungen, Hobbys oder Karrierewachstum sein. Wenn Sie Ihre Prioritäten kennen, können Sie fundiertere Entscheidungen darüber treffen, was Sie brauchen und was Sie loslassen können.

3. Entrümpeln Sie Ihre Besitztümer:

Beginnen Sie damit, Ihre Besitztümer zu entrümpeln. Gehen Sie Ihre Gegenstände nacheinander durch und fragen Sie sich, ob jeder einzelne einen Wert für Ihr Leben bringt. Dies kann ein zeitaufwändiger Prozess sein, aber es kann auch befreiend und erfüllend sein.

4. Wenden Sie Minimalismus auf Ihre Ausgaben an:

Wenden Sie die gleichen minimalistischen Prinzipien auf Ihre Ausgaben an. Fragen Sie sich vor dem Kauf, ob der Artikel notwendig ist und ob er Ihrem Leben einen Mehrwert verleiht. Dieser Ansatz kann Ihnen helfen, unnötige Ausgaben zu vermeiden und mehr Geld zu sparen.

5. Üben Sie achtsames Ausgeben:

Achtsames Ausgeben bedeutet, sich seiner Ausgabengewohnheiten bewusst zu sein und bewusste Entscheidungen darüber zu treffen, wohin Ihr Geld fließt. Bevor Sie einen Kauf tätigen, sollten Sie die Auswirkungen auf Ihre finanziellen Ziele berücksichtigen und prüfen, ob er mit Ihren

Werten übereinstimmt.

6. Kultivieren Sie Zufriedenheit:

Einer der Schlüssel zu Minimalismus und
achtsamen Ausgaben ist es, zu lernen, mit dem
zufrieden zu sein, was man hat. Ständig nach mehr
zu jagen, kann zu finanzieller Belastung und Stress
führen. Die Kultivierung von Zufriedenheit kann
Ihnen helfen, sich mit Ihrem Leben zufriedener
zu fühlen und den Drang zu reduzieren, impulsiv
auszugeben.

7. Überprüfen Sie regelmäßig Ihre Fortschritte:

Überprüfen Sie Ihre Ausgabengewohnheiten und
Ihre Besitztümer regelmäßig, um sicherzustellen,
dass Sie auf dem richtigen Weg bleiben.
Minimalismus ist eine Reise, kein Ziel, und er
erfordert ständige Anstrengungen.

Minimalismus und achtsame Ausgaben können
Ihnen helfen, die Kontrolle über Ihre Finanzen zu
übernehmen, Unordnung zu reduzieren und sich
auf das zu konzentrieren, was in Ihrem Leben
wirklich wichtig ist. Es ist nicht immer einfach,
aber die Vorteile können erheblich sein.

Kapitel 6: Investieren Sie in Ihre Zukunft: Die Grundlagen des Investierens verstehen

6.1: Warum investieren?

Investieren ist ein entscheidender Bestandteil des persönlichen Finanzmanagements. Es geht darum, Geld oder Kapital in ein Unternehmen oder ein Finanzvehikel zu investieren, in der Erwartung, ein zusätzliches Einkommen oder einen zusätzlichen Gewinn zu erzielen. Hier erfahren Sie, warum Investieren unerlässlich ist:

1. Steigern Sie Ihr Vermögen:

Einer der überzeugendsten Gründe für eine Investition ist die Aussicht, Ihr Vermögen zu vermehren. Wenn Sie investieren, lassen Sie Ihr Geld für sich arbeiten. Im Laufe der Zeit kann dies dank der Macht des Zinseszinses zu einem erheblichen finanziellen Wachstum führen.

2. Schlagen Sie die Inflation:

Inflation ist die Rate, mit der das allgemeine Preisniveau für Waren und Dienstleistungen steigt und in der Folge die Kaufkraft sinkt. Wenn

Sie nur sparen, kann der Wert Ihres Geldes im Laufe der Zeit aufgrund der Inflation sinken. Investieren kann eine Rendite auf Ihr Geld bieten, die die Inflation übertrifft und dazu beiträgt, Ihre Kaufkraft zu erhalten oder sogar zu erhöhen.

3. Finanzielle Ziele erreichen:

Investitionen können Ihnen helfen, langfristige finanzielle Ziele zu erreichen, sei es beim Kauf eines Eigenheims, bei der Gründung eines Unternehmens oder im Ruhestand. Die Erträge aus Ihren Investitionen können finanzielle Sicherheit und Einkommen bieten.

4. Passives Einkommen schaffen:

Anlagen wie Dividendenaktien, Investmentfonds und Immobilien können einen regelmäßigen Einkommensstrom generieren und gleichzeitig an Wert gewinnen. Dieses passive Einkommen kann Ihr Erwerbseinkommen aufbessern und es Ihnen möglicherweise sogar ermöglichen, früher in Rente zu gehen.

5. Unterstützen Sie Anliegen und Unternehmen, die Ihnen wichtig sind:

Investieren ermöglicht es Ihnen, Unternehmen

und Anliegen, an die Sie glauben, finanziell zu unterstützen. Ihre Investition kann diesen Unternehmen helfen, zu wachsen und erfolgreich zu sein.

6. Nachlass- und Nachlassplanung:

Investitionen können auch bei der Nachlassplanung eine Rolle spielen. Sie können Ihre Investitionen als Vermächtnis für Ihre Kinder oder Enkelkinder hinterlassen oder für wohltätige Zwecke spenden.

Denken Sie daran, dass alle Investitionen mit Risiken verbunden sind und es möglich ist, das investierte Geld zu verlieren. Daher ist es wichtig, diese Risiken zu verstehen und sie zu managen, die wir in den folgenden Abschnitten besprechen werden. Investitionen sollten im Rahmen einer gut geplanten Finanzstrategie und im Einklang mit Ihrer Risikotoleranz und Ihren finanziellen Zielen erfolgen.

6.2: Aktien, Anleihen und Investmentfonds

Aktien, Anleihen und Investmentfonds sind drei der beliebtesten Anlagearten. Jeder bietet ein anderes Risikoniveau und eine andere potenzielle Rendite. Das Verständnis dieser Anlageinstrumente ist der Schlüssel zum Aufbau eines diversifizierten Portfolios, das mit Ihren finanziellen Zielen und Ihrer Risikotoleranz übereinstimmt.

1. Lagerbestände:

Wenn Sie eine Aktie kaufen, erwerben Sie ein Stück Eigentum an einem Unternehmen. Als Aktionär können Sie Dividenden erhalten, die einen Teil des Gewinns des Unternehmens ausmachen, der an seine Eigentümer ausgeschüttet wird. Sie können auch davon profitieren, indem Sie die Aktie für mehr verkaufen, als Sie dafür bezahlt haben, was als Kapitalzuwachs bezeichnet wird.

Aktien sind in der Regel die riskantesten der drei Anlagearten, bieten aber auch das höchste Renditepotenzial. Der Wert einer Aktie kann aufgrund einer Vielzahl von Faktoren, einschließlich der Leistung des Unternehmens, der wirtschaftlichen Bedingungen und der Marktstimmung, erheblich schwanken.

2. Anleihen:

Anleihen sind im Wesentlichen Kredite, die Anleger an Unternehmen wie Regierungen oder Unternehmen vergeben. Wenn Sie eine Anleihe kaufen, leihen Sie dem Emittenten Geld im Austausch für regelmäßige Zinszahlungen und die Rückgabe des Kapitalbetrags am Fälligkeitstag der Anleihe.

Anleihen gelten im Allgemeinen als weniger riskant als Aktien, bieten jedoch geringere potenzielle Renditen. Das Risiko bei Anleihen ergibt sich aus der Möglichkeit, dass der Emittent mit seinen Zahlungen in Verzug gerät. Staatsanleihen sind in der Regel am sichersten, während Unternehmensanleihen ein höheres Risiko bergen.

3. Investmentfonds:

Investmentfonds sind Anlagevehikel, die Geld von vielen Anlegern bündeln, um ein diversifiziertes Portfolio aus Aktien, Anleihen oder anderen Vermögenswerten zu kaufen. Wenn Sie in einen Investmentfonds investieren, kaufen Sie Anteile des Fonds und profitieren proportional von den Verlusten und Gewinnen des Fonds.

Investmentfonds bieten sofortige Diversifikation und professionelles Management, was sie zu einer guten Wahl für Anfänger macht. Sie sind jedoch mit Verwaltungsgebühren und anderen Kosten verbunden, und ihre Rendite ist nicht garantiert.

Denken Sie daran, dass es wichtig ist, Ihr Anlageportfolio auf verschiedene Arten von Vermögenswerten zu diversifizieren, um Risiko und potenzielle Rendite in Einklang zu bringen. Es ist auch wichtig, Ihre finanziellen Ziele und Ihre Risikotoleranz zu verstehen, bevor Sie investieren. Die Beratung mit einem Finanzberater oder eine gründliche Recherche kann Ihnen helfen, Ihre Anlageentscheidungen zu treffen.

6.3: Diversifikation und Risikomanagement

In der Welt des Investierens sind Risiko und Ertrag zwei Seiten derselben Medaille. Höhere potenzielle Renditen sind oft mit einem höheren Risiko verbunden. Eine der wichtigsten Strategien, um dieses Risiko zu managen und gleichzeitig eine angemessene Rendite anzustreben, ist die Diversifikation.

Diversifikation:

Diversifikation ist die Praxis, Ihre Investitionen auf verschiedene Arten von Vermögenswerten und Sektoren zu verteilen, um das Risiko zu reduzieren. Die Idee ist, dass positive Renditen aus einigen Anlagen negative Renditen aus anderen ausgleichen können. Mit anderen Worten, legen Sie nicht alle Eier in einen Korb.

1. Vermögensdiversifikation: Dies beinhaltet die Streuung Ihrer Investitionen auf verschiedene Anlageklassen wie Aktien, Anleihen, Immobilien und Bargeld. Jede Anlageklasse reagiert unterschiedlich auf die Marktbedingungen, und eine Diversifizierung kann dazu beitragen, potenzielle Verluste auszugleichen.

2. Sektordiversifizierung: Dies beinhaltet

die Verteilung Ihrer Investitionen auf verschiedene Wirtschaftssektoren wie Technologie, Gesundheitswesen, Finanzen und Versorgungsunternehmen. Dies kann Sie vor Abschwüngen schützen, die einen Sektor betreffen könnten, andere jedoch nicht.

3. Geografische Diversifikation: Dies beinhaltet die Verteilung Ihrer Investitionen auf verschiedene geografische Regionen, einschließlich nationaler und internationaler Märkte. Unterschiedliche Volkswirtschaften können sich zu unterschiedlichen Zeiten unterschiedlich entwickeln.

Risikomanagement:

Das Anlagerisikomanagement umfasst das Verstehen, Bewerten und Ergreifen von Maßnahmen zur Minderung oder Kontrolle des Risikos, dem Sie ausgesetzt sind. Hier sind einige Strategien:

1. Verstehen Sie Ihre Risikotoleranz: Dies ist der Grad der Variabilität der Anlagerenditen, den Sie bereit sind zu ertragen. Faktoren wie Ihre finanziellen Ziele, Ihr Anlagehorizont und Ihr persönlicher Komfort mit Risiken bestimmen Ihre Risikotoleranz.

2. Vermögensallokation: Hierbei wird Ihr Anlageportfolio auf verschiedene Anlagekategorien wie Aktien, Anleihen und Bargeld aufgeteilt. Welche Vermögensallokation für Sie am besten geeignet ist, hängt von Ihrer Risikobereitschaft und Ihrem Anlagehorizont ab.

3. Regelmäßige Portfolioüberprüfung und Neugewichtung: Im Laufe der Zeit können einige Ihrer Anlagen schneller wachsen als andere, was Ihre ursprüngliche Vermögensallokation über den Haufen wirft. Die regelmäßige Überprüfung und Neuausrichtung Ihres Portfolios kann dazu beitragen, das gewünschte Risikoniveau aufrechtzuerhalten.

4. Dollar-Cost-Averaging: Hierbei wird ein fester Betrag regelmäßig in eine bestimmte Investition investiert, unabhängig vom Preis. Im Laufe der Zeit kann diese Strategie die durchschnittlichen Kosten pro Aktie Ihrer Investition senken.

5. Suche nach professioneller Beratung: Ein Finanzberater kann Sie individuell beraten, basierend auf Ihrer finanziellen Situation und Ihren Zielen.

Denken Sie daran, dass Diversifikation und

Risikomanagement zwar dazu beitragen können, das Verlustrisiko zu verringern, es aber nicht vollständig eliminieren können. Alle Investitionen sind mit einem gewissen Risiko verbunden, und es ist möglich, einen Teil oder das gesamte Geld, das Sie investieren, zu verlieren.

6.4: Passives vs. aktives Investieren

Passives und aktives Investieren sind zwei unterschiedliche Strategien, mit denen Anleger ihre finanziellen Ziele erreichen. Jeder hat seine Vor- und Nachteile, und der beste Ansatz hängt von Ihren finanziellen Zielen, Ihrer Risikotoleranz, Ihrem Zeitaufwand und Ihrem Anlagewissen ab.

1. Aktives Investieren:

Aktives Investieren beinhaltet den häufigen Kauf und Verkauf von Wertpapieren mit dem Ziel, eine bestimmte Benchmark oder einen bestimmten Marktindex zu übertreffen. Dieser Ansatz erfordert eine praktische Strategie und basiert auf der Überzeugung, dass kurzfristige Preisbewegungen vorhergesagt und gewinnbringend genutzt werden können.

Vorteile:

- Potenzial für höhere Renditen: Wenn die Anlagen mit Bedacht ausgewählt werden, kann aktives Investieren höhere Renditen als der Marktdurchschnitt erzielen.

- Flexibilität: Aktive Anleger können schnell auf Marktveränderungen reagieren und kurzfristige Kursschwankungen ausnutzen.

- Risikomanagement: Aktive Anleger können Strategien anwenden, um potenzielle Verluste zu begrenzen, z. B. durch Stop-Loss-Orders oder Hedging.

Nachteile:

- Höhere Kosten: Aktives Investieren ist aufgrund des häufigen Handels oft mit höheren Gebühren und Transaktionskosten verbunden.

- Zeitaufwändig: Dieser Ansatz erfordert viel Zeit für die Recherche, die Überwachung der Märkte und das Treffen von Handelsentscheidungen.

- Erhöhtes Risiko: Aktives Investieren kann riskanter sein, insbesondere wenn Anlageentscheidungen auf kurzfristigen Marktprognosen basieren.

2. Passives Investieren:

Passives Investieren ist eine Buy-and-Hold-Strategie, bei der Anleger darauf abzielen, die Renditen eines bestimmten Marktindex oder einer bestimmten Benchmark zu erreichen. Dies wird häufig durch Investitionen in Indexfonds oder Exchange Traded Funds (ETFs) erreicht, die die Wertentwicklung eines bestimmten Index nachbilden.

Vorteile:

- Geringere Kosten: Passives Investieren beinhaltet weniger Transaktionen, was in der Regel zu niedrigeren Gebühren und Transaktionskosten führt.

- Diversifikation: Indexfonds und ETFs bieten eine sofortige Diversifikation, da sie eine breite Palette von Wertpapieren repräsentieren.

- Weniger zeitaufwändig: Sobald Sie Ihre Anlagestrategie festgelegt haben, erfordert passives Investieren weniger Zeit und Mühe bei der Verwaltung.

Nachteile:

- Begrenzte potenzielle Renditen: Passives Investieren zielt darauf ab, die Marktrenditen zu erreichen und nicht zu übertreffen. Daher kann es im Vergleich zu erfolgreichem aktivem Investieren zu niedrigeren Renditen führen.

- Mangelnde Kontrolle: Passive Anleger haben wenig Kontrolle über die einzelnen Bestandteile ihres Portfolios, die durch den Index bestimmt werden, den sie verfolgen.

In der Praxis nutzen viele Anleger eine

Kombination aus beiden Strategien. Sie könnten ein passives Kernportfolio für langfristiges Wachstum und ein aktiv verwaltetes Satellitenportfolio für kurzfristige Chancen haben. Wie immer ist es wichtig, dass Sie Ihre Anlagestrategie auf Ihre individuellen Ziele, Ihre Risikotoleranz und Ihren Zeithorizont abstimmen.

6.5: Erste Schritte mit dem Investieren

Der Einstieg in die Welt des Investierens kann sowohl aufregend als auch entmutigend sein. Wenn Sie jedoch ein paar grundlegende Schritte befolgen, können Sie Ihre Investitionsreise zuversichtlich beginnen.

1. Setzen Sie sich klare finanzielle Ziele:

Wofür investieren Sie? Ruhestand, ein neues Zuhause, die Ausbildung Ihres Kindes oder vielleicht finanzielle Unabhängigkeit? Wenn Sie klare Ziele haben, leiten Sie Ihre Anlagestrategie, von der Risikostufe, die Sie eingehen möchten, bis hin zu den von Ihnen gewählten Anlagearten.

2. Verstehen Sie Ihre Risikotoleranz:

Alle Investitionen bergen ein gewisses Risiko. Es ist wichtig, Ihre Risikotoleranz zu verstehen - den Grad der Unsicherheit oder den potenziellen finanziellen Verlust, den Sie bereit sind zu tragen. Dies hängt von verschiedenen Faktoren ab, einschließlich Ihrer finanziellen Ziele, Ihres Zeitplans und Ihres persönlichen Risikokomforts.

3. Sparen Sie einen Notfallfonds:

Bevor Sie mit dem Investieren beginnen, ist es eine gute Idee, einen Notfallfonds zu haben. Dies ist eine Barreserve zur Deckung unerwarteter Ausgaben oder finanzieller Notfälle. Es bietet ein finanzielles Sicherheitsnetz und stellt sicher, dass Sie nicht vorzeitig in Ihre Investitionen eintauchen müssen.

4. Bilden Sie sich weiter:

Investieren beinhaltet viele Konzepte und Begriffe, die für Sie neu sein können. Nehmen Sie sich die Zeit, sich über die Grundlagen des Investierens zu informieren, einschließlich verschiedener Arten von Anlagen (Aktien, Anleihen, Investmentfonds), Diversifizierung, Vermögensallokation und Risikomanagement. Bücher, Online-Kurse, Webinare und Finanznachrichten können großartige Ressourcen sein.

5. Erwägen Sie, mit kostengünstigen Indexfonds oder ETFs zu beginnen:

Für Anfänger können kostengünstige Indexfonds oder Exchange Traded Funds (ETFs) ein guter Anfang sein. Diese Fonds zielen darauf ab, die Wertentwicklung eines bestimmten Index nachzubilden und bieten eine sofortige Diversifikation über viele verschiedene Aktien oder

Anleihen.

6. Planen Sie langfristig:

Investieren ist in der Regel am erfolgreichsten, wenn es langfristig angelegt ist. Während die Märkte kurzfristig schwanken können, haben sie in der Vergangenheit langfristig zugenommen. Geduld und Disziplin können der Schlüssel zum erfolgreichen Investieren sein.

7. Wenden Sie sich an einen Finanzberater:

Wenn Sie sich nicht sicher sind, ob Sie anfangen sollen oder eine persönliche Beratung wünschen, sollten Sie sich an einen Finanzberater wenden. Sie können Sie auf der Grundlage Ihrer spezifischen finanziellen Situation und Ziele beraten.

Denken Sie daran, dass alle Investitionen mit Risiken verbunden sind und es möglich ist, Geld zu verlieren. Mit sorgfältiger Planung, Bildung und einer langfristigen Perspektive kann das Investieren jedoch ein wirksames Instrument sein, um Ihre finanziellen Ziele zu erreichen.

Kapitel 7: Altersvorsorge: Vorbereitung auf Ihre goldenen Jahre

7.1: Die Bedeutung der Altersvorsorge

Die Altersvorsorge ist ein entscheidender Aspekt der persönlichen Finanzen, bei dem es darum geht, Ruhestandsziele festzulegen und Strategien umzusetzen, um diese zu erreichen. Es geht darum, sicherzustellen, dass Sie über ein ausreichendes Einkommen verfügen, um während Ihrer Ruhestandsjahre, in denen Sie möglicherweise kein regelmäßiges Einkommen mehr aus der Erwerbstätigkeit erzielen, einen komfortablen Lebensstandard aufrechtzuerhalten. Hier sind einige Gründe, warum eine Altersvorsorge unerlässlich ist:

1. Länger leben:

Fortschritte im Gesundheitswesen und im Lebensstandard haben die Lebenserwartung deutlich erhöht. Dies ist zwar eine positive Entwicklung, bedeutet aber auch, dass die Menschen für eine längere Ruhestandszeit planen müssen. Ohne die richtige Planung laufen Sie Gefahr, Ihre Ersparnisse zu überleben.

2. Steigende Gesundheitskosten:

Mit zunehmendem Alter wird das Gesundheitswesen kritischer und leider auch teurer. Da die Kosten für die medizinische Versorgung ständig steigen, wird eine beträchtliche Altersvorsorge noch wichtiger, um potenzielle Gesundheitsausgaben zu decken.

3. Inflation:

Die Inflation untergräbt die Kaufkraft des Geldes im Laufe der Zeit. Die Lebenshaltungskosten dürften in Zukunft viel höher sein als heute. Daher ist es wichtig, die Inflation in Ihrer Altersvorsorge zu berücksichtigen, um sicherzustellen, dass Ihre Ersparnisse ausreichen, um Ihren Lebensstil aufrechtzuerhalten.

4. Unsichere soziale Sicherheit:

Während die Sozialversicherung ein Sicherheitsnetz für Rentner bietet, ist sie nicht als einzige Einkommensquelle für Rentner konzipiert. Darüber hinaus ist die Zukunft der Sozialversicherungsleistungen aufgrund des demografischen Wandels und der finanziellen Herausforderungen ungewiss. Daher ist es ratsam, zusätzliche Altersvorsorge zu haben.

5. Wunsch nach finanzieller Unabhängigkeit:

Viele Menschen streben danach, im Ruhestand finanziell unabhängig zu sein, sei es auf Reisen, bei Hobbys oder bei der finanziellen Unterstützung von Familienmitgliedern. Die Altersvorsorge kann Ihnen helfen, diese Träume zu verwirklichen, ohne sich um die Finanzen sorgen zu müssen.

6. Ein Vermächtnis hinterlassen:

Für diejenigen, die ihren Erben ein Erbe hinterlassen möchten, kann die Altersvorsorge sicherstellen, dass Sie über ein bedeutendes Vermögen verfügen, das Sie weitergeben können, nachdem Sie sich um Ihre Altersvorsorge gekümmert haben.

Wenn Sie frühzeitig mit der Vorsorge beginnen, haben Sie den Vorteil von Zeit. Je mehr Zeit Sie haben, desto mehr Möglichkeiten haben Ihre Ersparnisse, durch die Kraft des Zinseszinses zu wachsen. Selbst kleine Beiträge können sich im Laufe der Zeit summieren. Es ist nie zu spät, mit der Planung für den Ruhestand zu beginnen, aber je früher Sie beginnen, desto besser sind Sie vorbereitet.

7.2: Grundlegendes zu Rentenkonten

Altersvorsorgekonten sind speziell konzipierte Anlagekonten, die mit Steuervorteilen ausgestattet sind, um das Sparen für den Ruhestand zu fördern. Hier sind einige der häufigsten Arten von Rentenkonten in den USA:

1. 401 (k) Pläne:

Ein 401 (k) ist ein Altersvorsorgeplan, der von einem Arbeitgeber gesponsert wird. Es ermöglicht den Mitarbeitern, einen Teil ihres Gehaltsschecks zu sparen und zu investieren, bevor Steuern abgezogen werden. Steuern werden erst gezahlt, wenn das Geld vom Konto abgehoben wird. Einige Arbeitgeber bieten einen entsprechenden Beitrag bis zu einem bestimmten Prozentsatz an, bei dem es sich im Wesentlichen um kostenloses Geld handelt, das zu Ihrer Altersvorsorge hinzugefügt wird.

2. Individuelle Rentenkonten (IRAs):

Eine IRA ist ein steuerbegünstigtes Rentenkonto, das Einzelpersonen unabhängig von ihrem Beschäftigungsstatus selbst eröffnen können. Es gibt zwei Haupttypen:

- Traditionelle IRA: Beiträge zu einer traditionellen IRA können steuerlich absetzbar sein, abhängig von Ihrem Einkommen und davon, ob Sie oder Ihr Ehepartner einen betrieblichen Altersvorsorgeplan haben. Die Steuern werden beim Bezug im Ruhestand gezahlt.

- Roth IRA: Beiträge zu einer Roth IRA werden mit Nachsteuerdollar geleistet, was bedeutet, dass es keinen Steuerabzug für Ihre Beiträge gibt. Ihr Geld wächst jedoch steuerfrei, und auch Bezüge im Ruhestand sind steuerfrei, sofern bestimmte Voraussetzungen erfüllt sind.

3. Roth 401(k):

Ein Roth 401 (k) kombiniert Merkmale der Roth IRA und des traditionellen 401 (k). Wie bei einer Roth IRA werden Beiträge mit Nachsteuerdollar geleistet, und Abhebungen im Ruhestand sind steuerfrei. Wie ein herkömmliches 401 (k) wird es von Arbeitgebern angeboten, und die Beitragsgrenzen sind höher als die für IRAs.

4. Vereinfachte IRAs für die Arbeitnehmerrente (SEP) und EINFACHE IRAs:

Dies sind Altersvorsorgepläne für kleine

Unternehmen und Selbstständige. Sie bieten höhere Beitragsgrenzen als traditionelle oder Roth IRAs, sind jedoch mit bestimmten Anforderungen und Einschränkungen verbunden.

5. 403(b) und 457 Pläne:

Diese ähneln den 401 (k) -Plänen, werden jedoch Mitarbeitern öffentlicher Schulen und steuerbefreiter Organisationen (403 (b)) sowie staatlicher und lokaler Regierungen (457) angeboten.

6. Gesundheitssparkonto (HSA):

Während HSAs in erster Linie dazu dienen, Einzelpersonen dabei zu helfen, auf steuerbegünstigter Basis für medizinische Ausgaben zu sparen, können sie auch für die Altersvorsorge verwendet werden. Sobald Sie das 65. Lebensjahr erreicht haben, können Sie für jeden Zweck ohne Strafe Geld von einer HSA abheben, obwohl Sie möglicherweise Steuern schulden, wenn die Auszahlung nicht für qualifizierte medizinische Ausgaben verwendet wird.

Jedes dieser Konten hat seine eigenen Regeln in Bezug auf Berechtigung, Beiträge, Abhebungen und steuerliche Behandlung. Wenn Sie diese

Regeln verstehen, können Sie die richtigen Altersvorsorgekonten für Ihre Situation auswählen und Ihre Altersvorsorge maximieren. Erwägen Sie immer, sich bei der Planung des Ruhestands von einem Finanzberater oder Steuerberater beraten zu lassen.

7.3: Festlegen von Ruhestandszielen und -strategien

Die Festlegung klarer Vorsorgeziele ist ein entscheidender Schritt in der Vorsorgeplanung. Diese Ziele sollten so spezifisch wie möglich sein und können das Alter umfassen, in dem Sie in Rente gehen möchten, den Lebensstil, den Sie sich vorstellen, und alle Pläne, die Sie für Reisen, Hobbys oder andere Ruhestandsaktivitäten haben. Sobald Sie Ihre Ziele definiert haben, können Sie Strategien entwickeln, um diese zu erreichen. Hier sind einige wichtige Schritte in diesem Prozess:

1. Schätzen Sie Ihre Ruhestandsausgaben:

Versuchen Sie abzuschätzen, wie viel Einkommen Sie im Ruhestand benötigen, um Ihren gewünschten Lebensstil aufrechtzuerhalten. Berücksichtigen Sie alle Ihre potenziellen Ausgaben, einschließlich Unterkunft, Gesundheitsversorgung, Essen, Transport und Freizeitaktivitäten. Vergessen Sie nicht, die Inflation zu berücksichtigen, da die Lebenshaltungskosten im Laufe der Zeit wahrscheinlich steigen werden.

2. Berechnen Sie Ihr erwartetes Einkommen:

Identifizieren Sie alle potenziellen Einkommensquellen im Ruhestand, wie z. B. Sozialversicherungsleistungen, Renten, Renten, Ersparnisse und Investitionen. Wenn es eine Lücke zwischen Ihren erwarteten Einnahmen und geschätzten Ausgaben gibt, müssen Sie eine Strategie entwickeln, um sie zu schließen.

3. Optimieren Sie Ihre Ersparnisse:

Maximieren Sie Ihre Beiträge zu Rentenkonten, um deren Steuervorteile zu nutzen. Wenn Ihr Arbeitgeber eine 401 (k) -Übereinstimmung anbietet, stellen Sie sicher, dass Sie mindestens genug beitragen, um die vollständige Übereinstimmung zu erhalten. Betrachten Sie andere steuerbegünstigte Rentenkonten wie IRAs und Health Savings Accounts (HSAs).

4. Investieren Sie in Wachstum:

Die Investition in eine Mischung aus Aktien, Anleihen und anderen Vermögenswerten kann dazu beitragen, dass Ihre Ersparnisse im Laufe der Zeit wachsen. Die richtige Asset-Allokation hängt von Ihrer Risikotoleranz und Ihrem Zeithorizont ab. Diversifikation kann dazu beitragen, Risiken zu reduzieren und Renditen zu glätten.

5. Ziehen Sie professionelle Beratung in Betracht:

Ein Finanzberater kann wertvolle Hinweise bei der Festlegung von Ruhestandszielen und der Entwicklung von Strategien geben, um diese zu erreichen. Sie können Ihnen helfen, komplexe Fragen der Altersvorsorge zu bewältigen und fundierte Entscheidungen zu treffen.

Denken Sie daran, dass die Altersvorsorge kein einmaliges Ereignis ist, sondern ein fortlaufender Prozess. Überprüfen Sie regelmäßig Ihre Ziele und Strategien und passen Sie sie bei Bedarf an, um Veränderungen in Ihrem Leben, Ihrer finanziellen Situation und der Wirtschaft widerzuspiegeln. Je früher Sie mit der Planung beginnen, desto mehr Zeit haben Sie, Ihre Ersparnisse zu vermehren und Ihre Ruhestandsträume zu verwirklichen.

7.4: Aufholjagd bei der Altersvorsorge

Wenn Sie mit Ihrer Altersvorsorge im Rückstand sind, verzweifeln Sie nicht. Es gibt verschiedene Strategien, die Sie anwenden können, um aufzuholen und Ihre Altersvorsorge zu stärken. So können Sie wieder auf Kurs kommen:

1. Profitieren Sie von Nachholbeiträgen:

In den USA können Sie, sobald Sie 50 Jahre alt sind, zusätzliche "Aufholbeiträge" auf Ihre Rentenkonten einzahlen. Im Jahr 2021 beträgt der Nachholbeitrag 6,500 US-Dollar für 401 (k) s und 1,000 US-Dollar für IRAs. Diese Beträge gelten zusätzlich zu den üblichen Beitragsgrenzen und können Ihre Altersvorsorge erheblich verbessern, wenn Sie sie nutzen können.

2. Erhöhen Sie Ihre Sparquote:

Versuchen Sie, einen größeren Prozentsatz Ihres Einkommens zu sparen. Selbst ein kleiner Anstieg kann aufgrund der Macht des Zinseszinses im Laufe der Zeit erhebliche Auswirkungen haben. Suchen Sie nach Bereichen, in denen Sie Ihre Ausgaben kürzen können, um mehr Geld für Einsparungen freizusetzen.

3. Verzögerung der Pensionierung:

Wenn Sie ein paar zusätzliche Jahre arbeiten, können Sie zusätzliche Zeit sparen, die Anzahl der Jahre reduzieren, die Sie benötigen, um sich auf Ihre Ersparnisse zu verlassen, und Ihre Sozialversicherungsleistungen erhöhen. Wenn Sie Spaß an Ihrer Arbeit haben und in der Lage sind, weiterzumachen, könnte dies eine vorteilhafte Strategie sein.

4. Verkleinern oder verlagern:

Erwägen Sie, in ein kleineres Haus oder an einen Ort mit niedrigeren Lebenshaltungskosten zu ziehen. Dies kann Ihre Lebenshaltungskosten senken und es Ihnen ermöglichen, mehr zu sparen. Wenn Sie über ein beträchtliches Eigenkapital in Ihrem Haus verfügen, kann der Verkauf Ihrer Altersvorsorge erheblich steigern.

5. Investieren Sie mit Bedacht:

Während Sie sich immer der Risiken bewusst sein sollten, kann die Investition in ein diversifiziertes Portfolio höhere potenzielle Renditen bieten, als wenn Sie Ihr Geld auf zinsgünstigen Spar- oder Girokonten aufbewahren. Lassen Sie sich von einem Finanzberater beraten, um eine Anlagestrategie zu entwickeln, die mit Ihrer Risikotoleranz und Ihren Ruhestandszielen übereinstimmt.

6. Erwägen Sie Teilzeitarbeit oder eine Nebenbeschäftigung:

Wenn Sie kurz vor der Pensionierung stehen oder bereits im Ruhestand sind, kann Teilzeitarbeit oder eine Nebenbeschäftigung Ihr Einkommen aufbessern und Ihre Ersparnisse entlasten. Außerdem könnte es Ihnen helfen, aktiv und engagiert zu bleiben.

Denken Sie daran, dass es nie zu spät ist, für den Ruhestand zu sparen. Auch wenn Sie möglicherweise Anpassungen vornehmen und Opfer bringen müssen, ist es möglich, mit Disziplin, klugen Strategien und einer positiven Einstellung aufzuholen.

7.5: Navigation durch Sozialversicherungs- und Rentenleistungen

Sozialversicherung und Renten können eine wichtige Rolle in Ihrer Alterseinkommensstrategie spielen. Wenn Sie verstehen, wie diese Leistungen funktionieren, können Sie fundierte Entscheidungen darüber treffen, wann Sie sie in Anspruch nehmen und wie Sie sie in Ihren breiteren Altersvorsorgeplan integrieren können.

1. Soziale Sicherheit verstehen:

In den USA ist die Sozialversicherung ein Bundesprogramm, das Alters-, Invaliditäts- und Hinterbliebenenleistungen bietet. Der Betrag, den Sie an Altersleistungen erhalten, hängt von Ihrer Verdiensthistorie und dem Alter ab, in dem Sie mit der Inanspruchnahme von Leistungen beginnen.

- Volles Rentenalter (FRA): Dies ist das Alter, in dem Sie Anspruch auf Ihre vollen Sozialversicherungsleistungen haben, und variiert je nach Geburtsjahr. Für diejenigen, die 1960 oder später geboren wurden, beträgt die FRA 67.

- Vorzeitige oder späte Pensionierung: Sie können bereits im Alter von 62 Jahren Leistungen erhalten, Ihre Leistungen werden jedoch dauerhaft gekürzt. Wenn Sie alternativ die Inanspruchnahme von Leistungen über Ihre FRA hinaus verzögern, erhöhen sich Ihre Leistungen bis zum Alter von 70 Jahren um einen bestimmten Prozentsatz.

- Ehegatten- und Hinterbliebenenleistungen: Wenn Sie verheiratet, geschieden oder verwitwet sind, haben Sie möglicherweise Anspruch auf Ehegatten- oder Hinterbliebenenleistungen, die im Ruhestand ein zusätzliches Einkommen bieten können.

2. Navigieren in den Renten:

Eine Rente ist eine Art Altersvorsorgeplan, bei dem ein Arbeitgeber verspricht, Arbeitnehmern, die bestimmte Anspruchskriterien erfüllen, einen bestimmten monatlichen Betrag zu zahlen, der in der Regel auf Dienstjahren und der Gehaltshistorie basiert. Renten sind seltener als früher, aber wenn Sie das Glück haben, eine zu haben, kann dies eine wertvolle Quelle für das Ruhestandseinkommen sein.

- Rentenoptionen: Wenn Sie in Rente gehen, haben Sie möglicherweise Möglichkeiten, wie Sie Ihre Rentenleistungen erhalten können. Dies kann eine einmalige Leibrente, eine gemeinsame Rente und eine Hinterbliebenenrente oder eine

Kapitalzahlung sein. Jede Option hat Vor- und Nachteile, und die beste Wahl hängt von Ihren persönlichen Umständen ab.

- Rentenschutz: In den USA versichert die Pension Benefit Guaranty Corporation (PBGC) die meisten Pensionspläne des privaten Sektors. Wenn Ihr Vorsorgeplan scheitert, zahlt die PBGC Ihre Leistungen bis zu bestimmten Grenzen.

- Nicht-U.S. Renten: Wenn Sie außerhalb der USA gearbeitet haben, haben Sie möglicherweise Anspruch auf ausländische Sozialversicherungs- oder Rentenleistungen. Die Regeln für diese Leistungen können komplex sein, und Sie sollten sich von einem Finanzberater oder Steuerberater beraten lassen.

Sozialversicherungs- und Rentenleistungen können im Ruhestand einen stetigen Einkommensstrom bieten, reichen jedoch oft nicht aus, um alle Ihre Ruhestandskosten zu decken. Daher ist es wichtig, zusätzliche Ersparnisse und Investitionen zu haben, um einen komfortablen Ruhestand zu gewährleisten. Erwägen Sie immer, sich von einem Finanzberater beraten zu lassen, wenn Sie Entscheidungen über Sozialversicherung und Renten treffen.

Kapitel 8: Immobilien und Wohneigentum: Ein Weg zum Vermögensaufbau

8.1: Mieten vs. Kaufen

Die Entscheidung, ein Haus zu mieten oder zu kaufen, ist eine wichtige Entscheidung, mit finanziellen und Lebensstilauswirkungen, die weit in die Zukunft reichen können. Beide Optionen haben ihre Vor- und Nachteile, und die beste Wahl hängt von Ihren persönlichen Umständen, Ihrer finanziellen Situation und Ihren langfristigen Zielen ab. Hier ist ein Vergleich von Mieten und Kaufen:

Vermietung:

Profis:

- Flexibilität: Mieten kann mehr Flexibilität bieten als Kaufen. Es ist in der Regel einfacher und schneller, von einer Mietwohnung wegzuziehen, was von Vorteil sein kann, wenn Sie einen Jobwechsel erwarten, einen Städtewechsel planen oder einfach die Freiheit schätzen, Ihre Wohnsituation relativ einfach zu ändern.

- Niedrigere Kosten im Voraus: Das Mieten erfordert in der Regel weniger Geld im Voraus als der Kauf eines Eigenheims. Sie müssen in der Regel eine Kaution und die erste Monatsmiete hinterlegen, aber diese Kosten sind oft deutlich geringer als die Anzahlung und die Abschlusskosten, die für den Kauf eines Eigenheims erforderlich sind.

- Weniger Verantwortlichkeiten: Als Mieter sind Sie nicht für Wartungs- oder Reparaturarbeiten verantwortlich, die in der Regel in der Verantwortung des Vermieters liegen. Dadurch können Sie Zeit und Geld sparen.

Nachteile:

- Kein Eigenkapital: Wenn Sie mieten, bauen Sie kein Eigenkapital in einer Immobilie auf. Stattdessen gehen Ihre monatlichen Zahlungen an Ihren Vermieter und tragen nicht zu Ihrem langfristigen Vermögen bei.

- Eingeschränkte Kontrolle: Als Mieter haben Sie nur begrenzte Kontrolle über Ihren Wohnraum. Sie können in der Regel keine wesentlichen Änderungen an der Immobilie ohne die Erlaubnis des Vermieters vornehmen.

- Potenzial für Mieterhöhungen: Im Gegensatz zu einer Festhypothek kann die Miete im Laufe der Zeit steigen, was die Inflationsrate oder das Lohnwachstum übertreffen kann.

Kauf:

Profis:

- Aufbau von Eigenkapital: Wenn Sie Ihre Hypothek abbezahlen, bauen Sie Eigenkapital in Ihrem Haus auf, das zu Ihrem Nettovermögen beitragen und möglicherweise für Kredite oder zur Finanzierung erheblicher Ausgaben genutzt werden kann.

- Wertsteigerungspotenzial: Immobilien werden oft im Laufe der Zeit aufgewertet, was Ihr Vermögen erhöhen kann. Es ist jedoch wichtig, sich daran zu erinnern, dass dies nicht garantiert ist und die Immobilienwerte auch sinken können.

- Steuervorteile: Hausbesitzer können von Steuervorteilen profitieren, wie z. B. der Möglichkeit, Hypothekenzinsen und Grundsteuern abzuziehen.

Nachteile:

- Vorlauf- und laufende Kosten: Der Kauf eines Eigenheims erfordert einen erheblichen Geldbetrag im Voraus für die Anzahlung und die Abschlusskosten. Darüber hinaus sind Sie als Hausbesitzer für alle Wartungs-, Reparatur- und anderen Hauskosten verantwortlich.

- Weniger Flexibilität: Der Verkauf eines Eigenheims und der Umzug können ein langwieriger und kostspieliger Prozess sein, der es schwieriger machen kann, schnell umzuziehen, um Stellenangebote zu schaffen oder den Lebensstil zu ändern.

- Abschreibungsrisiko: Während Häuser im Laufe der Zeit oft an Wert gewinnen, können sie auch an Wert verlieren. Wenn der Wert Ihres Hauses sinkt, könnten Sie am Ende mehr auf Ihre Hypothek schulden, als Ihr Haus wert ist.

Berücksichtigen Sie bei der Entscheidung, ob Sie mieten oder kaufen möchten, Ihre finanzielle Bereitschaft, Ihre Lebensstilpräferenzen, Ihre berufliche Stabilität und Ihre zukünftigen Ziele. Es ist auch wichtig, den lokalen Wohnungsmarkt zu verstehen und sich mit Finanzberatern oder Immobilienfachleuten zu beraten, um die fundierteste Entscheidung zu treffen.

8.2: Hypotheken und Finanzierung verstehen

Eine Hypothek ist ein Darlehen, das zur Finanzierung des Kaufs eines Eigenheims verwendet wird. Es handelt sich um eine langfristige Verpflichtung, die sich oft über 15 bis 30 Jahre erstreckt, und das Verständnis der verschiedenen Komponenten und Arten von Hypotheken ist entscheidend, um eine fundierte Entscheidung zu treffen. Hier ist, was Sie wissen müssen:

1. Kapital und Zinsen:

Das Kapital ist der Geldbetrag, den Sie leihen, um das Haus zu kaufen, während Zinsen das sind, was der Kreditgeber Ihnen berechnet, um das Geld zu leihen. Ein Teil jeder monatlichen Zahlung fließt in die Rückzahlung des Kapitals und ein Teil in die Zinsen.

2. Hypothekenzinsen:

Der Zinssatz für Ihre Hypothek wirkt sich erheblich auf den Gesamtbetrag aus, den Sie für Ihr Haus zahlen. Die Zinssätze können je nach Faktoren wie Ihrer Kreditwürdigkeit, Anzahlung, Kreditlaufzeit und dem gesamten Kreditumfeld variieren. Die Zinssätze können entweder fest sein, was bedeutet, dass sie über die Laufzeit des Darlehens gleich bleiben, oder anpassbar, was bedeutet, dass sie sich im Laufe der Zeit basierend auf den Marktbedingungen ändern.

3. Anzahlung:

Die Anzahlung ist der Geldbetrag, den Sie im Voraus für das Haus bezahlen, und wird in der Regel als Prozentsatz der Gesamtkosten des Hauses ausgedrückt. Während 20% oft als Standardanzahlung angegeben werden, bieten viele Kreditgeber Kredite mit Anzahlungen von nur 3-5% an.

4. Arten von Hypotheken:

Es gibt verschiedene Arten von Hypotheken:

- Konventionelle Hypotheken: Hierbei handelt es sich um Standard-Hypothekendarlehen, die von Banken, Kreditgenossenschaften und anderen Finanzinstituten angeboten werden. Sie erfordern in der Regel eine gute Kreditwürdigkeit und eine Anzahlung von mindestens 3-5%.

- FHA-Darlehen: Hierbei handelt es sich um Darlehen, die von der Federal Housing Administration versichert sind und

Kreditnehmern mit niedrigem bis mittlerem Einkommen helfen sollen. Sie erfordern in der Regel eine niedrigere Kreditwürdigkeit und Anzahlung als herkömmliche Kredite.

- VA-Darlehen: Diese Darlehen stehen Veteranen und aktuellen Servicemitgliedern zur Verfügung und werden vom Department of Veterans Affairs garantiert. VA-Darlehen ermöglichen oft eine Anzahlung von 0% und bieten wettbewerbsfähige Zinssätze.

5. Vorabgenehmigung und Abschluss:

Bevor Sie mit dem Kauf eines Eigenheims beginnen, ist es eine gute Idee, eine Hypothek vorab genehmigen zu lassen. Dies beinhaltet, dass ein Kreditgeber Ihre Kredit- und Finanzsituation überprüft, um festzustellen, wie viel er bereit ist, Ihnen zu leihen. Sobald Sie ein Haus gefunden und sich auf einen Preis geeinigt haben, durchlaufen Sie den Abschlussprozess, der die Fertigstellung der Hypothekendetails und die Übertragung des Eigentums an dem Haus umfasst.

Das Navigieren in der Welt der Hypotheken und Hausfinanzierungen kann komplex sein, daher ist es ratsam, sich an einen vertrauenswürdigen Finanzberater oder Hypothekenexperten zu wenden. Wenn Sie Ihre Optionen und die Verantwortlichkeiten verstehen, die mit einer Hypothek verbunden sind, können Sie eine Entscheidung treffen, die Ihre finanziellen Ziele und Wohneigentumsträume unterstützt.

8.3: Hauskaufprozess und Tipps

Der Kaufprozess von Eigenheimen ist eine aufregende Reise, die mehrere Schritte umfasst, von der Sicherung der Finanzierung bis zum Abschluss des Geschäfts. Hier sind die wichtigsten Phasen und Tipps, um sich in jeder einzelnen Phase zurechtzufinden:

1. Beurteilen Sie Ihre finanzielle Situation:

Bestimmen Sie zunächst, ob Sie finanziell bereit sind, ein Haus zu kaufen. Dies beinhaltet die Bewertung Ihrer Ersparnisse, Kreditwürdigkeit und des Verhältnisses von Schulden zu Einkommen. Ziel ist es, genug für eine Anzahlung, Abschlusskosten und einen zusätzlichen Notfallfonds für unerwartete Ausgaben zu sparen.

2. Lassen Sie sich für eine Hypothek vorab genehmigen:

Lassen Sie sich vor der Wohnungssuche eine Hypothek vorab genehmigen. Dies gibt Ihnen eine Vorstellung davon, wie viel Sie sich leisten können, und zeigt Verkäufern, dass Sie ein ernsthafter Käufer sind. Denken Sie daran, nur weil Sie für einen bestimmten Betrag zugelassen sind, bedeutet das nicht, dass Sie so viel ausgeben müssen.

3. Arbeiten Sie mit einem Immobilienmakler zusammen:

Ein guter Immobilienmakler kann Sie durch den Kaufprozess führen, in Ihrem Namen verhandeln und Ihnen helfen, alle auftretenden Herausforderungen zu meistern. Suchen Sie nach einem Agenten mit einer starken Erfolgsbilanz und Kenntnissen des lokalen Marktes.

4. Suche nach einem Zuhause:

Erstellen Sie eine Liste Ihrer Must-Have-Funktionen und Nice-to-Have-Funktionen. Berücksichtigen Sie Faktoren wie Lage, Größe, Layout und Nähe zu Annehmlichkeiten wie Schulen und Geschäften. Nehmen Sie an Tagen der offenen Tür teil und planen Sie private Vorführungen, um Häuser persönlich zu sehen.

5. Machen Sie ein Angebot:

Sobald Sie ein Haus gefunden haben, das Sie lieben, wird Ihr Makler Ihnen helfen, ein wettbewerbsfähiges Angebot zu unterbreiten, das auf vergleichbaren Häusern in der Umgebung basiert. Der Verkäufer kann Ihr Angebot annehmen, ablehnen oder mit einem anderen Preis oder anderen Bedingungen kontern.

6. Hausinspektion und Bewertung:

Wenn Ihr Angebot angenommen wird, veranlassen Sie in der Regel eine Hausinspektion, um mögliche Probleme mit der Immobilie zu identifizieren. Ihr Kreditgeber wird auch eine Bewertung in Auftrag geben, um den Wert des Hauses zu bestätigen.

7. Schließen Sie Ihre Finanzierung ab:

Nach der Inspektion und Bewertung arbeiten Sie mit Ihrem Kreditgeber zusammen, um Ihre Hypothek abzuschließen. Dies beinhaltet die Einreichung von Unterlagen über Ihre Finanzen und die Immobilie, und es kann auch die Sperrung Ihres Zinssatzes beinhalten.

8. Schließung:

Beim Abschluss unterschreiben Sie die endgültigen Unterlagen, zahlen Ihre Anzahlung und Abschlusskosten und erhalten die Schlüssel zu Ihrem neuen Zuhause!

Denken Sie daran, dass der Kauf eines Eigenheims eine erhebliche finanzielle Verpflichtung darstellt.

Nehmen Sie sich Zeit, um den Prozess zu verstehen, Fragen zu stellen und Entscheidungen zu treffen, die Ihren finanziellen Zielen und Ihren Lebensstilpräferenzen entsprechen.

8.4: Immobilien als Kapitalanlage

Immobilien können ein mächtiges Instrument zum Vermögensaufbau sein und Potenzial für Einkommen, Wertsteigerung und Steuervorteile bieten. Wie bei jeder Investition ist es jedoch wichtig, die damit verbundenen Risiken und Verantwortlichkeiten zu verstehen. Hier ist, was Sie wissen müssen:

1. Mietobjekte:

Der Besitz von Mietobjekten ermöglicht es Ihnen, Einnahmen von Mietern zu erzielen. Dieses Einkommen kann verwendet werden, um die Hypothek und die Ausgaben der Immobilie zu bezahlen, wobei jeder Überschuss als Gewinn gilt. Im Laufe der Zeit, wenn die Hypothek abbezahlt ist und die Mieten möglicherweise steigen, kann das Einkommen erheblich steigen. Ein Vermieter zu sein, bringt jedoch Verantwortung mit sich, einschließlich der Instandhaltung von Immobilien, des Mietermanagements und des Verständnisses der Vermieter-Mieter-Gesetze.

2. Wertsteigerung von Immobilien:

Immobilien werden oft im Laufe der Zeit aufgewertet, was bedeutet, dass die Immobilie an Wert gewinnt. Auf diese Weise können Sie Eigenkapital in der Immobilie aufbauen, das Sie für andere Investitionen nutzen oder beim Verkauf der Immobilie auszahlen lassen können. Die Wertsteigerung ist jedoch nicht garantiert und auch die Immobilienwerte können sinken.

3. Real Estate Investment Trusts (REITs):

Wenn Sie in Immobilien investieren möchten, ohne die Verantwortung des Immobilienbesitzes zu übernehmen, sollten Sie Real Estate Investment Trusts (REITs) in Betracht ziehen. Dabei handelt es sich um Unternehmen, die ertragsgenerierende Immobilien besitzen, betreiben oder finanzieren. Als Anleger können Sie Aktien eines REIT kaufen und einen Anteil an den erzielten Erträgen verdienen.

4. Haus-Flipping:

Dabei geht es darum, eine Immobilie zu kaufen, sie durch Renovierungen zu verbessern und gewinnbringend zu verkaufen. Dies kann zwar lukrativ sein, birgt aber auch Risiken. Der Gewinn hängt von Ihrer Fähigkeit ab, die Renovierungskosten und den Wert der Immobilie nach der Reparatur genau einzuschätzen. Es erfordert auch einen erheblichen Zeitaufwand und

Fachwissen bei der Renovierung von Immobilien.

5. Steuerliche Vorteile:

Immobilieninvestitionen können steuerliche Vorteile bieten. Bei Mietobjekten können Sie häufig Ausgaben wie Hypothekenzinsen, Grundsteuern, Versicherungen und Instandhaltungskosten abziehen. Wenn Sie eine als Finanzinvestition gehaltene Immobilie verkaufen, können Sie möglicherweise Strategien wie eine 1031-Börse verwenden, um Kapitalertragssteuern aufzuschieben.

Investitionen in Immobilien erfordern sorgfältige Überlegungen und Planungen. Es ist wichtig, gründlich zu recherchieren, den Markt zu verstehen und sich vielleicht mit Immobilien- und Finanzberatern zu beraten. Indem Sie fundierte Entscheidungen treffen, können Sie Immobilien als leistungsfähiges Instrument in Ihrer Strategie zum Vermögensaufbau nutzen.

8.5: Eigenheimkapital und Refinanzierung

Eigenheimkapital stellt den Teil Ihres Eigenheims dar, den Sie wirklich besitzen, und es ist eine Schlüsselkomponente Ihres Gesamtvermögens. Bei der Refinanzierung hingegen müssen Sie Ihre bestehende Hypothek durch eine neue ersetzen, oft um einen niedrigeren Zinssatz zu erzielen oder das Eigenkapital Ihres Eigenheims zu nutzen. Hier ist, was Sie über beide wissen müssen:

1. Home Equity verstehen:

Eigenheimkapital ist die Differenz zwischen dem aktuellen Marktwert Ihres Eigenheims und dem ausstehenden Saldo Ihrer Hypothek. Wenn Ihr Haus beispielsweise 300.000 US-Dollar wert ist und Sie 200.000 US-Dollar für Ihre Hypothek schulden, haben Sie 100.000 US-Dollar an Eigenheimkapital.

Wenn Sie Ihre Hypothek im Laufe der Zeit abbezahlen, erhöht sich Ihr Eigenkapital. Wenn Ihr Haus an Wert gewinnt, kann Ihr Eigenkapital noch weiter wachsen.

2. Verwendung von Eigenheimkapital:

Es gibt mehrere Möglichkeiten, Eigenheimkapital zu verwenden:

- Home Equity Loans: Dies ist eine Art von Darlehen, bei dem Sie einen Pauschalbetrag gegen das Eigenkapital in Ihrem Haus leihen, den Sie über eine feste Laufzeit zu einem festen Zinssatz zurückzahlen. Es handelt sich im Wesentlichen um eine zweite Hypothek.

- Home Equity Line of Credit (HELOC): Dies ist eine revolvierende Kreditlinie, ähnlich einer Kreditkarte, bei der Sie bis zu einem bestimmten Limit so viel leihen können, wie Sie benötigen. Der Zinssatz ist in der Regel variabel.

- Cash-Out-Refinanzierung: Dies beinhaltet die Refinanzierung Ihrer Hypothek für mehr, als Sie derzeit schulden, und die Differenz in bar zu nehmen.

Jede dieser Optionen bringt ihre eigenen Vorteile, Risiken und Kosten mit sich, und es ist wichtig, diese vollständig zu verstehen, bevor Sie fortfahren.

3. Refinanzierung verstehen:

Refinanzierung ist der Prozess der Erlangung einer neuen Hypothek, um Ihre aktuelle zu ersetzen. Hausbesitzer refinanzieren sich oft, um von niedrigeren Zinssätzen zu profitieren, ihre Kreditlaufzeit zu ändern oder von einem variabel verzinslichen zu einem festverzinslichen Darlehen umzuwandeln.

4. Wann Sie eine Refinanzierung in Betracht ziehen sollten:

Eine Refinanzierung kann in mehreren Situationen von Vorteil sein:

- Niedrigere Zinssätze: Wenn die Zinssätze seit dem Erhalt Ihrer Hypothek erheblich gesunken sind, können Sie durch die Refinanzierung während der Laufzeit Ihres Darlehens möglicherweise Tausende von Dollar sparen.

- Änderung der finanziellen Situation: Wenn sich Ihre Kreditwürdigkeit verbessert hat oder Sie einen signifikanten Anstieg des Einkommens hatten, können Sie sich für einen besseren Hypothekenzins qualifizieren.

- Schuldenkonsolidierung: Wenn Sie hochverzinsliche Schulden haben, können Sie eine Auszahlungsrefinanzierung in Betracht ziehen, um diese zu begleichen.

Denken Sie daran, dass die Refinanzierung

mit Kosten verbunden ist, genau wie Ihre ursprüngliche Hypothek. Es ist wichtig sicherzustellen, dass das Einsparpotenzial die Kosten überwiegt.

Unabhängig davon, ob Sie erwägen, Ihr Eigenheimkapital anzuzapfen oder über eine Refinanzierung nachzudenken, ist es eine gute Idee, sich an einen Finanzberater zu wenden, um die potenziellen Vorteile, Risiken und Kosten zu verstehen.

9.1: Die Rolle der Versicherung in den persönlichen Finanzen

Versicherungen sind ein entscheidender Bestandteil einer soliden persönlichen Finanzstrategie. Es dient als Sicherheitsnetz, das Sie und Ihr Vermögen vor unvorhergesehenen Ereignissen schützt, die möglicherweise zu finanziellen Schwierigkeiten führen könnten. Hier ist, was Sie wissen müssen:

1. Risikomanagement:

Im Kern ist die Versicherung ein Instrument des Risikomanagements. Durch den Abschluss einer Versicherungspolice übertragen Sie das finanzielle Risiko bestimmter Ereignisse (wie Krankheit, Unfall oder Sachschaden) auf eine Versicherungsgesellschaft. Als Gegenleistung für die Zahlung von Prämien verpflichtet sich die Versicherungsgesellschaft, für Verluste oder Schäden zu zahlen, die in Ihrer Police aufgeführt sind.

2. Arten von Versicherungen:

Es gibt verschiedene Arten von Versicherungen, die Sie in Betracht ziehen sollten:

- Krankenversicherung: Deckt medizinische Kosten im Zusammenhang mit Krankheiten, Verletzungen und Vorsorge ab. Angesichts der hohen Kosten für das Gesundheitswesen ist es wichtig, eine angemessene Krankenversicherung zu haben.

- Kfz-Versicherung: Wenn Sie ein Auto besitzen, ist die Kfz-Versicherung an den meisten Orten gesetzlich vorgeschrieben. Sie kann Sachschäden, Personenschäden und Personenschäden abdecken.

- Hausrat- oder Mieterversicherung: Schützt Ihr Haus und Ihr Hab und Gut vor Beschädigung oder Diebstahl. Für Hausbesitzer wird eine Versicherung häufig von Hypothekengebern verlangt.

- Lebensversicherung: Bietet Ihren Angehörigen finanziellen Schutz, wenn Sie sterben. Es gibt verschiedene Arten, darunter Risikolebens- und Lebensversicherungen.

- Berufsunfähigkeitsversicherung: Bietet Einkommen, wenn Sie aufgrund einer Krankheit oder Verletzung arbeitsunfähig sind.

- Pflegeversicherung: Hilft bei der Deckung der Kosten für Pflegedienste wie Pflegeheime oder häusliche Krankenpfleger, die in der Regel nicht von der Standardkrankenversicherung oder Medicare abgedeckt werden.

3. Bedeutung einer angemessenen Abdeckung:

Eine Versicherung reicht nicht aus; Es ist auch wichtig, eine angemessene Abdeckung zu haben. Eine Unterversicherung kann Sie finanziell exponiert machen, während eine Überversicherung bedeutet, dass Sie mehr als nötig bezahlen. Überprüfen Sie Ihre Richtlinien regelmäßig, um sicherzustellen, dass sie mit Ihrer aktuellen Situation übereinstimmen.

4. Versicherung als Teil Ihres Finanzplans:

Versicherungen sollten ein wichtiger Bestandteil Ihres Finanzplans sein. Es kann Ihr Einkommen schützen, Ihre Lieben unterstützen und Ihr Vermögen schützen. Wenn Sie die Rolle der Versicherung verstehen und die richtigen Policen auswählen, können Sie sich finanzielle Sicherheit und Seelenfrieden verschaffen.

9.2: Arten von Versicherungen und Deckungen

Der Versicherungsschutz variiert stark je nach Art der Police und des Versicherers. Das Verständnis der verschiedenen Arten von Versicherungen und deren Deckung ist entscheidend, um sich selbst, Ihre Lieben und Ihr Vermögen zu schützen. Hier sind die wichtigsten Arten von Versicherungen und ihre typische Deckung:

1. Krankenversicherung:

Die Krankenversicherung übernimmt die medizinischen Kosten. Es zahlt in der Regel einen Teil Ihrer Gesundheitskosten im Austausch für eine monatliche Prämie. Die Deckung kann Arztbesuche, Krankenhausaufenthalte, verschreibungspflichtige Medikamente, Vorsorge und manchmal psychiatrische Versorgung und Rehabilitationsdienste umfassen.

2. Lebensversicherung:

Die Lebensversicherung zahlt im Todesfall eine Todesfallleistung an die von Ihnen benannten Begünstigten aus. Die zwei Haupttypen sind:

- Risikolebensversicherung: Deckt Sie für eine bestimmte Laufzeit ab (z. B. 10, 20 oder 30

Jahre). Wenn Sie während dieser Laufzeit sterben, erhalten Ihre Begünstigten das Sterbegeld.

- Lebensversicherung (permanente Lebensversicherung): Deckt Sie für Ihr ganzes Leben ab. Es enthält auch eine Barwertkomponente, die im Laufe der Zeit wächst.

3. Kfz-Versicherung:

Die Kfz-Versicherung bietet finanziellen Schutz vor Sach- oder Personenschäden durch Verkehrsunfälle und vor Haftung, die ebenfalls entstehen könnte. Zu den Deckungsarten können Haftpflicht-, Kollisions-, umfassender, nicht versicherter/unterversicherter Autofahrerschutz und Personenschadenschutz gehören.

4. Hausratversicherung:

Die Hausratversicherung deckt Schäden an Ihrem Haus (der Struktur) und Ihren darin befindlichen Gegenständen ab. Es kann auch eine Haftpflichtversicherung bieten, wenn jemand auf Ihrem Grundstück verletzt wird. Policen decken häufig Schäden ab, die durch Feuer, Wetter, Diebstahl und andere Gefahren verursacht werden. Einige Naturkatastrophen, wie Überschwemmungen oder Erdbeben, sind in der

Regel nicht abgedeckt und erfordern separate Richtlinien.

5. Versicherung des Mieters:

Die Versicherung des Mieters ähnelt der Hausratversicherung, ist jedoch für diejenigen gedacht, die ihren Wohnraum mieten. Es deckt Ihr persönliches Eigentum ab und kann eine Haftpflichtversicherung bieten. Es deckt nicht die physische Wohnung ab; Das liegt in der Verantwortung der Versicherung des Vermieters.

6. Berufsunfähigkeitsversicherung:

Die Berufsunfähigkeitsversicherung bietet einen Einkommensersatz, wenn Sie aufgrund einer Behinderung arbeitsunfähig sind. Die Deckung liegt in der Regel zwischen 60% und 80% Ihres Einkommens.

7. Pflegeversicherung:

Die Pflegeversicherung deckt Leistungen ab, die nicht von der regulären Krankenversicherung übernommen werden, wie z. B. betreutes Wohnen, Pflege zu Hause und häusliche Pflege.

8. Haftpflichtversicherung:

Die Haftpflichtversicherung bietet Schutz vor Ansprüchen, die sich aus Verletzungen und Schäden an anderen Personen oder deren Eigentum ergeben. Es ist ein wesentlicher Bestandteil der Auto- und Hausratversicherung und kann auch als eigenständige Dachpolice für zusätzlichen Schutz erworben werden.

9. Reiseversicherung:

Eine Reiseversicherung kann eine Reihe von reisebezogenen Risiken abdecken, darunter Reiserücktritt, medizinische Notfälle, Reiseverspätungen und verlorenes Gepäck.

Jede Art von Versicherung spielt eine bestimmte Rolle in Ihrem Finanzplan und kann dazu beitragen, Sie vor erheblichen finanziellen Verlusten zu schützen. Es ist wichtig, Ihre Bedürfnisse regelmäßig zu überprüfen und Ihre Abdeckung bei Bedarf anzupassen.

9.3: Einschätzung Ihres Versicherungsbedarfs

Die Ermittlung Ihres Versicherungsbedarfs ist ein wesentlicher Bestandteil Ihrer gesamten Finanzplanung. Unterschiedliche Lebensphasen und unterschiedliche Umstände erfordern bestimmte Arten und Stufen der Versicherung. Hier ist ein Leitfaden, der Ihnen hilft, Ihren Versicherungsbedarf zu beurteilen:

1. Bewerten Sie Ihre aktuelle Situation:

Beginnen Sie mit einer Bestandsaufnahme Ihrer aktuellen Umstände. Dies sollte Ihre finanzielle Situation, Angehörige, Gesundheit, Alter, Lebensstil und mehr umfassen. Wenn Sie beispielsweise unterhaltsberechtigte oder erhebliche Schulden haben, ist eine Lebensversicherung von entscheidender Bedeutung.

2. Identifizieren Sie potenzielle Risiken:

Unterschiedliche Szenarien bergen unterschiedliche Risiken. Hausbesitzer müssen das Risiko von Sachschäden aufgrund von Faktoren wie Wetter oder Diebstahl berücksichtigen. Autobesitzer müssen das Unfallpotenzial berücksichtigen. Wenn Sie der Hauptverdiener für Ihre Familie sind, berücksichtigen Sie die finanziellen Auswirkungen, wenn Sie aufgrund von Krankheit oder Verletzung nicht arbeiten konnten.

3. Berücksichtigen Sie Ihre finanziellen Verpflichtungen:

Ihre finanziellen Verpflichtungen können Ihnen helfen zu bestimmen, wie viel Versicherungsschutz Sie benötigen. Berücksichtigen Sie bei der Lebensversicherung Schulden, zukünftige Bildungskosten für Kinder und Einkommensersatz für Angehörige. Berücksichtigen Sie bei der Krankenversicherung mögliche medizinische Kosten aus eigener Tasche. Berücksichtigen Sie bei Haus- und Autoversicherungen den Wert Ihrer Immobilie.

4. Verstehen Sie Ihre Optionen:

Es gibt viele Arten von Versicherungen und innerhalb jeder Art verschiedene Deckungsstufen und Merkmale. Wenn Sie diese Optionen verstehen, können Sie Richtlinien auswählen, die die von Ihnen benötigte Deckung zu einem Preis bieten, den Sie sich leisten können.

5. Überprüfen Sie regelmäßig Ihren

Versicherungsbedarf:

Ihr Versicherungsbedarf wird sich im Laufe der Zeit ändern. Wichtige Lebensereignisse wie Heirat, Kind, Hauskauf oder Jobwechsel können sich auf Ihre Versicherungsbedürfnisse auswirken. Überprüfen Sie regelmäßig Ihre Richtlinien und Ihren Versicherungsschutz, um sicherzustellen, dass sie mit Ihrer aktuellen Situation übereinstimmen.

6. Wenden Sie sich an Fachleute:

Versicherungen können komplex sein, und es ist oft von Vorteil, sich von Fachleuten beraten zu lassen. Ein Versicherungsvertreter oder Finanzplaner kann Sie auf der Grundlage Ihrer spezifischen Bedürfnisse und Umstände beraten.

Denken Sie daran, dass das Ziel der Versicherung darin besteht, Sie und Ihre Angehörigen im Falle unerwarteter Ereignisse finanziell abzusichern. Es ist eine Investition in Ihre finanzielle Sicherheit und Ihren Seelenfrieden. Indem Sie Ihre Bedürfnisse einschätzen und Ihre Richtlinien sorgfältig auswählen, können Sie sicherstellen, dass Sie gut geschützt sind.

9.4: Die Grundlagen der Nachlassplanung

Nachlassplanung ist der Prozess der Verwaltung und Veräußerung Ihres Nachlasses im Falle Ihres Todes oder Ihrer Arbeitsunfähigkeit. Es ist ein wesentlicher Bestandteil der persönlichen Finanzen, der sicherstellt, dass Ihr Vermögen nach Ihren Wünschen verteilt wird und Ihre Lieben finanziell geschützt sind. Hier ist eine grundlegende Anleitung zur Nachlassplanung:

1. Verstehen Sie, was in Ihrem Nachlass enthalten ist:

Ihr Nachlass umfasst alles, was Sie besitzen – Immobilien, Bankkonten, Investitionen, Altersvorsorge, Lebensversicherungen, persönliches Eigentum und sogar Ihre digitalen Vermögenswerte.

2. Entwerfen Sie ein Testament:

Ein Testament ist ein rechtliches Dokument, das beschreibt, wie Ihr Nachlass nach Ihrem Tod verteilt werden soll. Sie legt fest, wer Ihr Vermögen erbt und in welchem Verhältnis. Wenn Sie minderjährige Kinder haben, kann Ihr Testament auch Vormünder für sie bestimmen.

3. Betrachten Sie einen Trust:

Ein Trust ist eine juristische Person, die Vermögenswerte zum Nutzen anderer hält. Trusts können dazu beitragen, Nachlässe zu vermeiden, minderjährige oder behinderte Begünstigte zu versorgen und sogar die Erbschaftssteuern zu senken. Die beiden Grundtypen sind lebende Trusts (die zu Lebzeiten geschaffen wurden) und testamentarische Trusts (die durch Ihren Willen nach Ihrem Tod geschaffen wurden).

4. Ernennen Sie eine Vollmacht:

Mit einer Vollmacht können Sie jemanden benennen, der Ihre Angelegenheiten verwaltet, wenn Sie handlungsunfähig werden. Es gibt verschiedene Arten, darunter die Finanzvollmacht (verwaltet die finanziellen Angelegenheiten) und die Vollmacht für das Gesundheitswesen (trifft Entscheidungen im Gesundheitswesen in Ihrem Namen).

5. Erstellen Sie eine Patientenverfügung oder eine erweiterte Gesundheitsrichtlinie:

Eine Patientenverfügung, auch bekannt als erweiterte Gesundheitsrichtlinie, beschreibt Ihre

Präferenzen für die medizinische Versorgung am Lebensende. Es wird verwendet, wenn Sie nicht mehr in der Lage sind, zu kommunizieren oder Entscheidungen für sich selbst zu treffen.

6. Planen Sie die Erbschaftssteuern:

Abhängig von der Größe Ihres Nachlasses und Ihrem Standort kann Ihr Nachlass bei Ihrem Tod Steuern schulden. Es gibt Strategien, um diese Steuern zu minimieren, wie z. B. die Schenkung von Vermögenswerten zu Lebzeiten oder die Einrichtung bestimmter Arten von Trusts.

7. Halten Sie Ihren Nachlassplan auf dem neuesten Stand:

Überprüfen und aktualisieren Sie Ihren Nachlassplan regelmäßig, insbesondere nach wichtigen Lebensereignissen wie Heirat, Scheidung, Geburt eines Kindes oder einem Todesfall in der Familie.

8. Lassen Sie sich professionell beraten:

Die Nachlassplanung kann komplex sein, und es ist oft von Vorteil, sich an Fachleute wie einen Anwalt für Nachlassplanung oder einen Finanzberater zu wenden, der Sie auf der Grundlage Ihrer spezifischen Umstände und Ziele beraten kann.

Denken Sie daran, dass die Nachlassplanung nicht nur für die Reichen ist. Auf diese Weise können Sie sicherstellen, dass Ihre Wünsche befolgt, Ihre Lieben versorgt werden und Ihr Vermögen so verteilt wird, wie Sie es beabsichtigen. Wenn Sie vorausschauend planen, können Sie sich und Ihrer Familie beruhigt zurücklehnen.

9.5: Aktualisieren Sie Ihren Nachlassplan

Ein Nachlassplan ist kein Set-it-and-forget-it-Dokument. Wenn sich das Leben ändert, sollte sich auch Ihr Nachlassplan ändern. Es ist wichtig, dass Sie Ihren Plan regelmäßig überprüfen und aktualisieren, um sicherzustellen, dass er Ihren aktuellen Wünschen und Umständen entspricht. Hier ist eine Anleitung zur Aktualisierung Ihres Nachlassplans:

1. Überprüfen Sie regelmäßig:

Als Faustregel gilt, dass Sie Ihren Nachlassplan mindestens alle drei bis fünf Jahre überprüfen sollten. Dies bedeutet jedoch nicht, dass Sie es in der Zwischenzeit ignorieren sollten. Bewahren Sie Ihre Dokumente an einem zugänglichen Ort auf und machen Sie sich mit deren Inhalt vertraut.

2. Wichtige Lebensereignisse:

Bestimmte Lebensereignisse sollten eine sofortige Überprüfung Ihres Nachlassplans auslösen:

- Heirat oder Scheidung: Beides kann die Art und Weise, wie Sie Ihr Vermögen verteilen möchten, erheblich verändern.

- Geburt oder Adoption eines Kindes: Neue Familienmitglieder können von Ihnen verlangen, dass Sie die Begünstigten anpassen oder einen Vormund ernennen.

- Tod eines Begünstigten oder Testamentsvollstreckers: Wenn jemand, der in Ihrem Testament genannt wird, stirbt, müssen Sie Ihre Dokumente aktualisieren.

- Vermögensveränderungen: Eine signifikante Zunahme oder Abnahme Ihres Vermögens kann sich darauf auswirken, wie Sie Ihr Vermögen verteilen möchten.

- Ruhestand: Dieser Lebensmeilenstein kann zu Änderungen in Ihrem Nachlassplan führen, insbesondere in Bezug auf Ihr Altersguthaben.

3. Rechtliche und steuerrechtliche Änderungen:

Gesetze, die sich auf die Nachlassplanung und Steuern auswirken, ändern sich häufig. Ein Plan, der bei seiner Ausarbeitung steuerlich effizient war, darf nicht nach einer Gesetzesänderung erfolgen. Regelmäßige Überprüfungen mit einem Anwalt für Nachlassplanung können sicherstellen, dass Ihr Plan den geltenden Gesetzen entspricht.

4. Änderungen der persönlichen Wünsche:

Wenn Sie älter werden, können sich Ihre Wünsche ändern, wer Ihr Vermögen erben soll, wer sich um Ihre Kinder kümmern soll oder welche Art von Pflege Sie am Lebensende wünschen. Ihr Nachlassplan sollte Ihre aktuellen Wünsche widerspiegeln, nicht Ihre Wünsche von vor Jahren.

5. Umzug in einen anderen Staat oder ein anderes Land:

Die Nachlassgesetze können von Staat zu Staat oder von Land zu Land sehr unterschiedlich sein. Wenn Sie umziehen, müssen Sie sicherstellen, dass Ihr Nachlassplan in Ihrem neuen Wohnsitz gültig und optimal ist.

Die Aktualisierung Ihres Nachlassplans ist genauso wichtig wie die Erstellung. Regelmäßige Überprüfungen stellen sicher, dass Ihr Plan mit Ihren Wünschen übereinstimmt, und geben Ihnen die Gewissheit, dass Ihre Lieben versorgt und Ihr Vermögen so verteilt wird, wie Sie es beabsichtigen. Wenden Sie sich immer an einen Fachmann, wenn Sie wesentliche Änderungen an Ihrem Nachlassplan vornehmen.

Kapitel 10: Auf Kurs bleiben: Kontinuierliche finanzielle Verbesserung

10.1: Regelmäßige Finanz-Checkups

So wie Ihre Gesundheit regelmäßige Untersuchungen benötigt, müssen auch Ihre Finanzen überprüft werden. Ein regelmäßiger Finanzcheck hilft Ihnen, Ihre finanziellen Ziele auf Kurs zu halten und ermöglicht es Ihnen, Ihre Pläne anzupassen, wenn sich Ihr Leben ändert. Hier ist eine Anleitung zur Durchführung einer regelmäßigen Finanzprüfung:

1. Überprüfen Sie Ihr Budget:

Ihr Budget ist die Grundlage Ihres Finanzplans. Überprüfen Sie es regelmäßig, um sicherzustellen, dass es Ihre aktuellen Einnahmen, Ausgaben und finanziellen Ziele widerspiegelt. Nehmen Sie bei Bedarf Anpassungen vor, um Änderungen Ihrer Einnahmen oder Ausgaben zu berücksichtigen.

2. Überprüfen Sie Ihre Ersparnisse und Investitionen:

Nehmen Sie sich Zeit, um Ihre Spar- und

Anlagekonten zu überprüfen. Sind Sie auf dem richtigen Weg, um Ihre Sparziele zu erreichen? Entwickeln sich Ihre Anlagen wie erwartet? Möglicherweise müssen Sie Ihren Sparplan anpassen oder Ihre Investitionen basierend auf ihrer Performance und Ihren finanziellen Zielen neu zuweisen.

3. Analysieren Sie Ihre Schulden:

Schauen Sie sich Ihre Schulden genau an, einschließlich Hypotheken, Studentendarlehen, Kreditkarten und Privatkredite. Überlegen Sie, ob Ihre aktuellen Tilgungspläne optimiert werden können. Sie können beispielsweise von einer Refinanzierung, Konsolidierung oder Anpassung Ihrer Rückzahlungsstrategien profitieren.

4. Bewerten Sie Ihren Versicherungsschutz:

Wenn sich Ihr Leben ändert, ändern sich auch Ihre Versicherungsbedürfnisse. Überprüfen Sie regelmäßig Ihre Versicherungspolicen, um sicherzustellen, dass sie die erforderliche Deckung bieten. Dazu gehören Lebens-, Kranken-, Hausbesitzer-, Auto- und Invaliditätsversicherungen.

5. Aktualisieren Sie Ihren Nachlassplan:

Wenn sich Ihre Lebens- oder Finanzsituation erheblich verändert hat, ist es möglicherweise an der Zeit, Ihren Nachlassplan zu aktualisieren. Dies kann die Aktualisierung Ihres Testaments, den Wechsel der Begünstigten oder die Anpassung Ihrer Richtlinien für die Pflege am Lebensende umfassen.

6. Überprüfen Sie Ihre Altersvorsorge:

Sind Sie auf dem Weg zu einem komfortablen Ruhestand? Es ist wichtig, Ihre Altersvorsorge regelmäßig zu überprüfen, Ihr prognostiziertes Einkommen im Ruhestand zu verstehen und sicherzustellen, dass Ihre Sparstrategien auf Ihre Ruhestandsziele abgestimmt sind.

7. Überprüfen Sie Ihre Kreditauskunft:

Wenn Sie Ihre Kreditauskunft regelmäßig überprüfen, können Sie Fehler oder Anzeichen von Betrug erkennen. Es gibt Ihnen auch die Möglichkeit zu sehen, wie sich Ihr finanzielles Verhalten auf Ihre Kreditwürdigkeit auswirkt.

8. Wenden Sie sich an Fachleute:

Egal, ob es sich um einen Finanzplaner, einen

Steuerberater oder einen Versicherungsvertreter handelt, regelmäßige Check-ins mit diesen Experten können sicherstellen, dass Sie die fundiertesten Entscheidungen über Ihre finanzielle Gesundheit treffen.

Regelmäßige Finanzuntersuchungen sind ein wesentlicher Bestandteil der Erhaltung und Verbesserung Ihrer finanziellen Gesundheit. Sie geben Ihnen ein klares Bild davon, wo Sie stehen, und helfen Ihnen, fundierte Entscheidungen zu treffen, um Ihre finanziellen Ziele weiter zu erreichen.

10.2: Umgang mit finanziellen Glücksfällen

Ein finanzieller Glücksfall, wie z. B. eine bedeutende Erbschaft, ein Lottogewinn oder ein großer Bonus, kann lebensverändernd sein. Es kann jedoch auch Herausforderungen mit sich bringen, wenn es nicht klug gehandhabt wird. Hier sind einige Strategien, um einen finanziellen Glücksfall effektiv zu verwalten:

1. Machen Sie eine Pause:

Bevor Sie Entscheidungen treffen, nehmen Sie sich etwas Zeit, um die Situation zu verarbeiten. Auf diese Weise können Sie Ihre Entscheidungen mit klarem Verstand treffen und die Wahrscheinlichkeit impulsiver Entscheidungen verringern.

2. Stellen Sie ein Team von Fachleuten zusammen:

Ein plötzlicher Zustrom von Reichtum kann überwältigend und kompliziert zu bewältigen sein. Es ist wichtig, ein Team von Fachleuten zusammenzustellen, darunter einen Finanzplaner, einen Buchhalter und einen Anwalt, um Sie durch den Prozess zu führen.

3. Schulden begleichen:

Wenn Sie ausstehende Schulden haben, kann ein Glücksfall eine hervorragende Gelegenheit bieten, diese zu reduzieren oder zu beseitigen. Dies kann mehr von Ihrem Einkommen zum Sparen oder Investieren freisetzen.

4. Legen Sie Geld für Steuern beiseite:

Glücksfälle können oft steuerliche Auswirkungen haben. Stellen Sie sicher, dass Sie genügend Geld beiseite legen, um mögliche Steuerverbindlichkeiten zu decken.

5. Investieren Sie in Ihre Zukunft:

Erwägen Sie, einen Teil des Geldsegens zu verwenden, um in Ihre Zukunft zu investieren. Dies kann Beiträge zu Rentenkonten, Investitionen in Immobilien oder den Aktienmarkt oder die Finanzierung von Bildung für Sie oder Ihre Kinder umfassen.

6. Vergessen Sie nicht zu speichern:

Auch wenn es verlockend sein mag, Ihren Glücksfall auszugeben, denken Sie daran, wie wichtig es ist, zu sparen. Ein Beitrag zu einem Notfallfonds oder einem anderen Sparkonto kann ein finanzielles Polster für die Zukunft bieten.

7. Geben Sie mit Bedacht aus:

Es ist zwar in Ordnung, sich etwas zu gönnen, aber vermeiden Sie die Versuchung, sich auf einen Kaufrausch einzulassen. Erstellen Sie einen Ausgabenplan, der mit Ihren langfristigen Zielen und Werten übereinstimmt.

8. Geben Sie etwas zurück:

Erwägen Sie, einen Teil Ihres Glücksfalls zu verwenden, um Anliegen zu unterstützen, die Ihnen wichtig sind. Dies kann durch wohltätige Spenden oder durch Investitionen in Ihre Gemeinde geschehen.

Ein verantwortungsvoller Umgang mit einem finanziellen Glücksfall kann langfristige finanzielle Sicherheit bieten und neue Möglichkeiten eröffnen. Mit sorgfältiger Planung und professioneller Anleitung können Sie das Beste aus Ihrem neu gewonnenen Vermögen machen.

10.3: Passen Sie Ihre Finanzstrategie an, wenn sich Ihr Leben ändert

Das Leben ist eine Reise, und Ihre Finanzstrategie sollte sich anpassen und weiterentwickeln. Wenn Sie verschiedene Phasen und Ereignisse im Leben erleben, werden sich Ihre finanziellen Bedürfnisse, Ziele und Strategien ändern. Hier ist eine Anleitung zur Anpassung Ihrer Finanzstrategie, wenn sich das Leben ändert:

1. Veränderungen der familiären Verhältnisse:

Ereignisse wie Heirat, Geburt oder Adoption eines Kindes oder Scheidung verändern Ihre Finanzlandschaft erheblich. Möglicherweise müssen Sie Ihr Budget, Ihren Versicherungsschutz, Ihre Steuerplanung und Ihren Nachlassplan anpassen, um diesen Änderungen Rechnung zu tragen.

2. Berufliche Übergänge:

Egal, ob es sich um einen neuen Job, eine Beförderung, den Verlust des Arbeitsplatzes oder den Ruhestand handelt, berufliche Übergänge wirken sich auf Ihr Einkommensniveau und Ihre finanziellen Ziele aus. Möglicherweise müssen Sie Ihr Budget aktualisieren, Ihre Sparziele neu bewerten und Ihre Ruhestandsstrategie überprüfen.

3. Finanzielle Glücksfälle oder Rückschläge:

Erbschaften, Lotteriegewinne oder erhebliche finanzielle Verluste können Ihre finanzielle Situation dramatisch verändern. Diese Ereignisse können dazu führen, dass Sie Ihre Anlagestrategie, Ihren Schuldentilgungsplan und Ihre langfristigen finanziellen Ziele neu bewerten müssen.

4. Veränderungen in der Gesundheit:

Gesundheitliche Veränderungen können zu erhöhten medizinischen Ausgaben oder einem Rückgang des Einkommens führen, wenn Sie nicht arbeiten können. Dies kann Anpassungen Ihres Budgets, Ihres Versicherungsschutzes und Ihrer Altersvorsorge erforderlich machen.

5. Umzug:

Ein Umzug, insbesondere in einen anderen Staat oder ein anderes Land, kann sich auf Ihre Lebenshaltungskosten, Ihre Steuersituation und Ihren Nachlassplan auswirken. Dies kann Änderungen in Ihrem Budget, Ihrer Anlagestrategie und Ihren

Nachlassplanungsdokumenten erfordern.

6. Veränderungen des Wirtschaftsklimas:

Schwankungen in der Wirtschaft können sich auf Ihre Investitionen, Ihre Altersvorsorge und Ihre Arbeitsplatzsicherheit auswirken. In Zeiten wirtschaftlicher Unsicherheit kann es sein, dass Sie Ihre Risikobereitschaft neu bewerten und Ihre Anlagestrategie entsprechend anpassen müssen.

7. Änderungen der Gesetze und Vorschriften:

Änderungen der Steuergesetze, der Vorschriften für Rentenkonten oder der Nachlassplanungsgesetze können sich auf Ihre Finanzstrategie auswirken. Konsultieren Sie regelmäßig einen Finanzberater oder Anwalt, um sicherzustellen, dass Ihr Plan konform und optimal bleibt.

Während sich Ihr Leben weiterentwickelt, ist es wichtig, Ihre Finanzstrategie zu überprüfen und anzupassen, um sicherzustellen, dass sie weiterhin Ihren sich ändernden Bedürfnissen und Zielen entspricht. Regelmäßige Check-ins mit einem Finanzberater können wertvolle Hinweise geben und Ihnen helfen, die finanziellen Übergänge des Lebens mit Zuversicht zu meistern.

10.4: Finanzielle Rückschläge überwinden

Finanzielle Rückschläge wie Arbeitsplatzverlust, unerwartete Ausgaben oder Investitionsverluste können jedem passieren. Diese Herausforderungen können stressig sein, aber sie müssen Ihre finanzielle Zukunft nicht entgleisen lassen. Hier sind einige Strategien zur Überwindung finanzieller Rückschläge:

1. Bleiben Sie ruhig und beurteilen Sie die Situation:

Der erste Schritt im Umgang mit einem finanziellen Rückschlag besteht darin, Ruhe zu bewahren. Panik führt oft zu schlechten Entscheidungen. Sobald Sie Ihre Gedanken gesammelt haben, bewerten Sie Ihre Situation. Verstehen Sie das Ausmaß des Rückschlags und wie er sich auf Ihr finanzielles Gesamtbild auswirkt.

2. Überdenken Sie Ihr Budget:

Nach einem finanziellen Rückschlag ist es wichtig, Ihr Budget zu überdenken. Möglicherweise müssen Sie Ihre Ausgabengewohnheiten anpassen oder Wege finden, Ihr Einkommen zu steigern. Priorisieren Sie wichtige Ausgaben wie Wohnen, Essen und Gesundheitsversorgung.

3. Verwenden Sie Ihren Notfallfonds:

Wenn Sie einen Notfallfonds eingerichtet haben, ist es jetzt an der Zeit, ihn zu nutzen. Es wurde entwickelt, um Ihnen zu helfen, finanzielle Rückschläge zu überwinden, ohne sich zu verschulden.

4. Vermeiden Sie es, mehr Schulden anzuhäufen:

Während es verlockend sein mag, sich auf Kreditkarten oder Kredite zu verlassen, um einen finanziellen Rückschlag zu überstehen, kann dies zu einem Schuldenkreislauf führen, der schwer zu durchbrechen ist. Versuchen Sie, zusätzliche Kredite zu minimieren und konzentrieren Sie sich auf die Verwaltung Ihrer aktuellen Schulden.

5. Kommunizieren Sie mit den Gläubigern:

Wenn Sie Schwierigkeiten haben, Ihren Schuldverpflichtungen nachzukommen, kommunizieren Sie mit Ihren Gläubigern. Viele Gläubiger sind bereit, mit Ihnen zusammenzuarbeiten, um die Zahlungsbedingungen zu ändern oder die Zinssätze zu senken.

6. Lassen Sie sich professionell beraten:

Ein Finanzberater oder Kreditberater kann wertvolle Ratschläge und Ressourcen für den Umgang mit finanziellen Rückschlägen bereitstellen. Sie können Ihnen helfen, einen Sanierungsplan zu entwickeln und komplexe finanzielle Probleme zu lösen.

7. Fokus auf die Zukunft:

Es ist leicht, von einem finanziellen Rückschlag überwältigt zu werden, aber denken Sie daran, dass es sich nur um eine vorübergehende Situation handelt. Konzentrieren Sie sich auf Ihre langfristigen finanziellen Ziele und machen Sie jeden Tag kleine Schritte zur Genesung.

Die Überwindung finanzieller Rückschläge erfordert Geduld, Disziplin und ein proaktives Vorgehen. Mit einem soliden Plan und der richtigen Unterstützung können Sie diese Herausforderungen meistern und gestärkt daraus hervorgehen. Denken Sie daran, dass Rückschläge ein Teil des Lebens sind und wertvolle Lektionen für die zukünftige finanzielle Widerstandsfähigkeit liefern können.

10.5: Lebenslanges Lernen und finanzielle Bildung

Finanzielle Bildung ist eine lebenslange Reise. Wenn sich das wirtschaftliche Klima ändert und Sie sich durch verschiedene Lebensphasen bewegen, wird es immer neue Finanzkonzepte und -strategien geben, die Sie lernen können. Hier erfahren Sie, warum lebenslanges Lernen und kontinuierliche finanzielle Bildung von entscheidender Bedeutung sind:

1. Über Finanztrends auf dem Laufenden bleiben:

Die Finanzwelt entwickelt sich ständig weiter. Es entstehen ständig neue Anlagemöglichkeiten, Änderungen der Steuergesetze, wirtschaftliche Trends und Finanzprodukte. Wenn Sie auf dem Laufenden bleiben, können Sie diese Chancen optimal nutzen und potenzielle Fallstricke vermeiden.

2. Fundierte finanzielle Entscheidungen treffen:

Je mehr Sie über Finanzen verstehen, desto besser sind Sie in der Lage, kluge finanzielle Entscheidungen zu treffen. Egal, ob es um die Wahl der richtigen Investitionen, die Planung des Ruhestands oder den Kauf eines Hauses geht,

Finanzbildung ermöglicht es Ihnen, fundierte Entscheidungen zu treffen.

3. Anpassung an Veränderungen im Leben:

Unterschiedliche Lebensphasen bringen unterschiedliche finanzielle Herausforderungen und Chancen mit sich. Kontinuierliche finanzielle Bildung kann Ihnen helfen, Ihre Finanzstrategien anzupassen, während Sie sich durch die verschiedenen Lebensphasen bewegen.

4. Finanzielle Rückschläge überwinden:

Finanzielle Bildung kann das Wissen und die Fähigkeiten vermitteln, die erforderlich sind, um finanzielle Rückschläge zu bewältigen. Egal, ob es um den Verlust von Arbeitsplätzen, medizinische Ausgaben oder Marktabschwünge geht, Finanzkompetenz kann Ihnen helfen, diese Herausforderungen effektiv zu bewältigen.

5. Andere lehren:

Ihr Finanzwissen kommt nicht nur Ihnen zugute, sondern auch Ihren Lieben. Indem Sie Ihren Kindern, Familienmitgliedern oder Freunden etwas über Finanzen beibringen, können Sie ihnen helfen, eine sichere finanzielle Zukunft aufzubauen.

Um lebenslanges finanzielles Lernen zu fördern, sollten Sie die folgenden Ressourcen in Betracht ziehen:

- Bücher und Online-Ressourcen: Es gibt unzählige Bücher und Online-Ressourcen, die eine breite Palette von Finanzthemen abdecken. Wählen Sie seriöse Quellen, um sicherzustellen, dass die Informationen zuverlässig sind.

- Finanzberater und -berater: Diese Fachleute können Sie individuell beraten, basierend auf Ihren spezifischen Umständen und Zielen.

- Finanzseminare und -kurse: Viele Organisationen bieten Finanzseminare und -kurse an, oft kostenlos oder zu geringen Kosten.

- Finanznachrichten: Das regelmäßige Lesen oder Anschauen von Finanznachrichten kann Ihnen helfen, über die Wirtschaft und die Finanzmärkte auf dem Laufenden zu bleiben.

Indem Sie sich zu lebenslangem Lernen verpflichten, können Sie sicherstellen, dass Ihr Finanzwissen auf dem neuesten Stand bleibt und Sie Ihre Finanzen Ihr ganzes Leben lang effektiv verwalten können. Denken Sie daran, dass sich die Investition, die Sie in Ihre finanzielle Bildung tätigen, in Form von finanzieller Sicherheit und Unabhängigkeit auszahlen kann.

Fazit: Der Weg zur Finanzbeherrschung

Wenn wir diesen Leitfaden zum persönlichen Finanzmanagement abschließen, ist es wichtig, sich daran zu erinnern, dass die Beherrschung Ihrer Finanzen kein Ziel, sondern eine Reise ist. Es ist ein dynamischer Prozess, der kontinuierliches Lernen, Anpassung und Entscheidungsfindung erfordert, während Sie durch verschiedene Lebensphasen navigieren und vor unerwarteten Herausforderungen stehen.

Die in diesem Buch beschriebenen Strategien sind Werkzeuge, die Ihnen helfen, die Kontrolle über Ihre Finanzen zu übernehmen, fundierte Entscheidungen zu treffen und auf Ihre finanziellen Ziele hinzuarbeiten. Die wahre Macht liegt jedoch in Ihren Händen. Ihre Disziplin, Ihr Engagement und Ihre Bereitschaft zum Handeln bestimmen letztendlich Ihren finanziellen Erfolg.

Budgetierung, Sparen, Investieren und Planen für die Zukunft sind wichtige Aspekte des Finanzmanagements, aber das vielleicht wichtigste Element ist die Denkweise, mit der Sie an Ihre Finanzen herangehen. Die Kultivierung einer Denkweise der finanziellen Verantwortung, Achtsamkeit und Resilienz kann Ihnen helfen, finanzielle Herausforderungen zu meistern und

Chancen zu nutzen.

Denken Sie daran, dass finanzielle Rückschläge keine Misserfolge sind, sondern Chancen für Wachstum und Lernen. Es ist in Ordnung, Fehler zu machen, solange man aus ihnen lernt und sie nutzt, um in Zukunft bessere Entscheidungen zu treffen. Und wenn Sie finanzielle Erfolge erleben, feiern Sie diese und nutzen Sie sie als Motivation, Ihren Weg fortzusetzen.

Wie wir bereits besprochen haben, ist Finanzbildung eine lebenslange Reise. Bleiben Sie neugierig, lernen Sie weiter und zögern Sie nicht, bei Bedarf Hilfe von Fachleuten zu suchen. Die Finanzwelt entwickelt sich ständig weiter, und wenn Sie auf dem Laufenden bleiben, können Sie Ihre Strategien anpassen und neue Möglichkeiten nutzen.

Zusammenfassend lässt sich sagen, dass Ihre finanzielle Reise zutiefst persönlich und einzigartig für Sie ist. Die in diesem Buch vorgestellten Strategien und Prinzipien sollen Sie auf diesem Weg leiten und unterstützen. Aber letztendlich haben Sie die Macht und Verantwortung, Ihre finanzielle Zukunft zu gestalten.

Vielen Dank, dass Sie sich mir bei dieser

Erkundung des persönlichen Finanzmanagements angeschlossen haben. Ich hoffe, dass die in diesem Buch vorgestellten Erkenntnisse und Strategien Ihnen auf Ihrem Weg zur finanziellen Beherrschung gute Dienste leisten. Denken Sie daran, dass die Reise eine Herausforderung sein kann, aber die Belohnungen für finanzielle Freiheit, Sicherheit und Seelenfrieden sind die Mühe wert. Viel Glück auf Ihrer finanziellen Reise!

Notizen:

Notizen:

Grover881001@gmail.com